Tim Schieferstein

# Gold & Silber für Einsteiger

Goldwerte Tipps für Auswahl, Kauf und Aufbewahrung

Wiesbaden 2021

# Inhaltsverzeichnis

# Vorwort

Es war ein besonderer Moment im Jahr 2004, den ich bis dato völlig unterschätzt hatte: Es war der Augenblick, in dem ich mein erstes Goldstück, einen Krügerrand, in den Händen hielt.

Noch wenige Jahre zuvor, während des Börsenbooms rund um den Jahrtausendwechsel und der späteren Dotcom-Blase, hatte ich, naiv, wie ich war, nur ein müdes Lächeln für Gold übrig: ein aus der Zeit gefallenes Anlagegut für alte Leute. Ich war es gewohnt, Aktien per Mausklick zu kaufen und zu verkaufen. Kapitalanlage war zu der Zeit etwas Immaterielles für mich. Doch da lag er nun: mein erster Krügerrand – das Synonym für eine Goldmünze! Plötzlich war Kapitalanlage materiell: physisch (be)greifbar und spürbar anders.

Er lag gewichtig in meiner Hand. Rund 33 g schwer, kaum größer als ein 2 €-Stück, aber schon damals das 150-Fache wert. Sein rotgoldener Glanz faszinierte mich. In diesem Moment konnte ich nachvollziehen, warum Menschen schon jahrtausendelang dem edlen Metall einen hohen Wert beimessen.

Mit dem Börsencrash in den vorangegangenen Jahren kamen das Hinterfragen, wie unser Geld- und Wirtschaftssystem funktioniert, und die Erkenntnis, dass es langfristig eben nicht funktionieren kann.

In der Folge definierte ich meine bisherige Anlagestrategie und meine Definition von »sichere Kapitalanlage« neu. Meine Ersparnisse sollten zukünftig anders angelegt werden, und den ersten Schritt in diese Richtung hielt ich in diesem Moment in meinen Händen.

Beantwortet waren einige der nachfolgenden Fragen, die ich mir stellte und die immer noch aktuell sind:

Wie kann ich mein Vermögen bei möglichst geringem Risiko absichern? Ist es sinnvoll, Geld in Gold und Silber anzulegen? Oder gar in ein exotisches Edelmetall wie zum Beispiel Platin oder Palladium? Diese Fragen beschäftigen viele Menschen völlig zu Recht, denn:

Die Zinsen haben ein historisches Tief erreicht und werden zwangsläufig weiter stagnieren, da anderenfalls die meisten Europäischen Länder in kürzester Zeit zahlungsunfähig werden würden. Dennoch herrscht eine Realinflation von über 2 %, die das Vermögen der Bürger auf dem Sparbuch und dem Tagesgeldkonto auffrisst. Diese Inflation droht aufgrund der expansiven Geldpolitik der Notenbanken in den nächsten Monaten und Jahren weiter anzuziehen.

Das Buch, das Sie hier in den Händen halten, soll Sparern, Anlegern und Investoren dabei helfen, ihr Vermögen gegenüber den negativen Realzinsen sowie Wirtschafts- und Politikkrisen abzusichern. Das funktioniert nämlich am besten in Form von Edelmetallen, die schon seit Tausenden von Jahren als Zahlungsmittel und Wertspeicher genutzt werden und immer einen gewissen Tauschwert gegenüber Waren und Dienstleistungen innehatten. Dies wird wohl auch in Zukunft so bleiben.

Der Grund, aus dem ich mich dafür entschieden habe, ein Buch über diese Thematik zu schreiben, ist zum einen die folgende Statistik:

### Anlageformen im Besitz

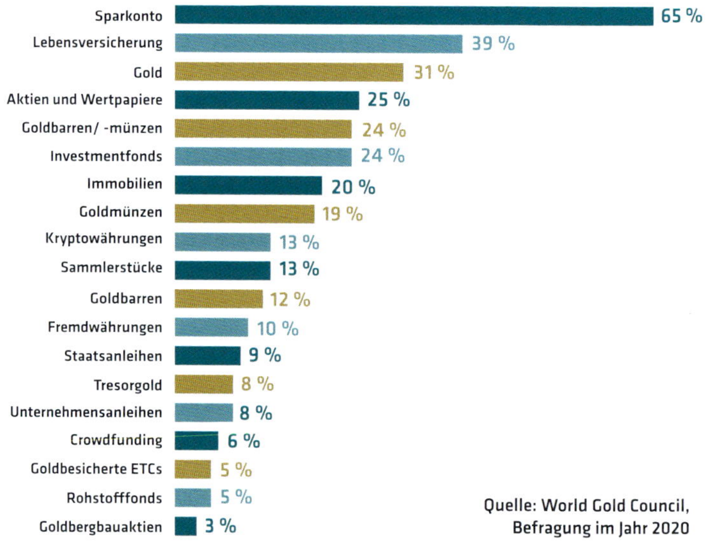


*Die beliebtesten Geldanlagen in Deutschland*

Sie zeigt eindeutig die traurige Wahrheit über das ineffiziente Anlageverhalten der Bevölkerung in Deutschland auf. Sehr beliebt sind vor allem Geldeinlagen (Sparbuch, Tagesgeld, Festgeld, Versicherungen). Diese bringen den Anlegern allerdings nur eine negative Realrendite ein und sind keineswegs so risikofrei, wie sie in der Öffentlichkeit immer wieder dargestellt werden.

Glücklicherweise tauchen in der Statistik auch die Immobilen auf. Allerdings gilt nur ein kleiner Teil hiervon als Vermögenswert, denn die meisten Immobilien finden ihren Zweck in der Eigennutzung und sind somit keine Geldanlage, sondern eine Verbindlichkeit.

Edelmetalle wie Gold und Silber stellen für viele Sparer nur eine untergeordnete und im eigenen Portfolio untergewichtete Kapitalanlage dar – und das, obwohl sie als einzige seit mehr als 5.000 Jahren ihre Beständigkeit unter Beweis stellen.

### *Mein Ziel ist es, diesem Anlagemissstand erfolgreich entgegenzuwirken.*

Hier kommen wir auch schon zum zweiten Grund, aus dem ich dieses Buch geschrieben habe: die Unwissenheit und Unsicherheit, die mir immer wieder rund um das Thema »Geldanlage in Edelmetalle« entgegengebracht wird.

Im Jahr 2007 folgte schließlich die unternehmerische Entscheidung von meinen Mitgesellschaftern und mir, mit der SOLIT Gruppe und **GoldSilberShop.de** ein Edelmetallhandelsunternehmen zu gründen.

Seitdem bin ich für viele ein »Goldjunge« und geschätzter Edelmetallexperte. Expertentum zu Gold und Silber ist heute rarer als die beiden Edelmetalle selbst:

Wenn ich auf die Frage, was ich beruflich tue, antworte, Mitgründer einer der heute größten Edelmetallhändler in Deutschland zu sein, folgt meist sinngemäß:

»Es ist super, einen kompetenten Ansprechpartner gefunden zu haben. Ich wollte schon länger in Gold investieren. Ich wusste nur nicht, wo und wie. Ich bin zur Bank rein und sagte, dass ich Gold kaufen wolle ... herausgekommen bin ich mit einem Angebot für einen Bausparvertrag.«

Heute findet man bei der Hausbank nur noch selten einen Spezialisten, der über die Vor- und Nachteile von Edelmetallen und hinsichtlich der Frage, wie und welches Gold man am besten kauft, kompetent beraten kann. Auch ein Juwelier oder Goldankaufsläden sind meist nicht die richtige Anlaufstelle, da ihr Fokus auf dem Verkauf von Schmuck oder dem Ankauf von selbigem liegt.

Diesen Umstand der fehlenden Expertise kann und werde ich voraussichtlich nicht ändern.

Was ich aber durchaus kann, ist, möglichst vielen Menschen, wie Ihnen, ein ausgeprägtes Basiswissen rund um Gold und Silber zu vermitteln. Nach dem Lesen dieses Buchs werden Sie in der Lage sein, Vor- und Nachteile abzuwägen, die eine Kapitalanlage in Edelmetalle mit sich bringt.

Wenn Sie sich für Edelmetalle entscheiden, werden Sie die Barren und Münzen, die für Ihr Anlageziel »goldrichtig« sind, anhand des in diesem Buch Erlernten gezielt auswählen können.

Kurzum: Mein Ziel mit diesem Buch ist es, Sie zu einem fachkundigen Edelmetallliebhaber zu machen. Wenn mir dies gelungen ist, freue ich mich darüber, wenn Sie dieses Buch nach dem Lesen an Ihnen nahestehende Personen verschenken oder weiterempfehlen. Denn ich bin überzeugt davon, dass es in der Zukunft enorm wichtig sein wird, Edelmetalle zu besitzen. Je mehr Menschen die Probleme unseres Geldsystems verstehen, umso besser wird es gelingen, an diesem System etwas zu ändern.

Ihr

Tim Schieferstein

# Einleitung

In diesem Buch werde ich Sie Schritt für Schritt durch das Reich von Gold, Silber und Co. führen. Angefangen bei Vor- und Nachteilen dieser Art der Geldanlage gegenüber anderen, über die Frage, welche Münzen und Barren besonders geeignet sind, bis hin zu den Kaufmöglichkeiten und der richtigen Lagerung. Am Ende des Buchs werde ich außerdem auf die, in Bezug auf die Geldanlage, eher selten genannten Edelmetalle eingehen.

Wenn im Folgenden von »Edelmetallen« die Rede ist, sind damit Gold und Silber gemeint. Die anderen weißen Edelmetalle Platin, Palladium und auch Rhodium werden am Ende des Buches differenziert betrachtet, spielen jedoch zu Beginn eine eher untergeordnete Rolle.

Mein Ziel ist es, dass Sie sich durch das Lesen dieses Buches ein Grundwissen über Edelmetalle aneignen und eigene, wohl überlegte Entscheidungen bezüglich der Aufstellung des persönlichen Vermögensportfolios treffen können.

**Weiterführende Informationen außerhalb dieses Buchs**

An einigen Stellen in diesem Buch finden Sie Infoboxen wie diese hier. Um den Fokus nicht zu verlieren, werden manche Themen nicht in ihrer kompletten Tiefe behandelt. In der Infobox finden Sie einen Hinweis darauf, wo Sie ausführlichere Informationen zur Vertiefung erhalten. Dies können Webseiten, kostenfreie eBooks oder aber auch sehenswerte Videos sein.

**Immer up to date!**

Sie wollen automatisch Updates erhalten, wenn sich an den Inhalten dieses Buches etwas ändert? Wir halten Sie auf dem Laufenden! Melden Sie sich hier für Updates an:

**www.gold-buch.com/update**

# 1 Nachteile von Edelmetallen

**Zweifelsohne bringen Edelmetalle als Investment einige Nachteile mit sich. Schließlich gibt es generell keine Geldanlage, die, gleich einer eierlegenden Wollmilchsau, nur so von Vorteilen strotzt. Allerdings bedarf es hier einer alternativen Herangehensweise, gewissermaßen einer Verschiebung des Blickwinkels; Nachteile eines Investments müssen keine Probleme sein, vielmehr können sie als notwendige Konsequenzen eines Vorteils aufgefasst werden.**

Heraeus
Feinsilber
999,0
HERAEUS EDELMETALLE
HANAU
500g
A55916
Heraeus
Feingold
999,9
10g
641044
1Unze
663161

## 1.1 Gold zahlt keine Zinsen

Ein beliebter Spruch, der von Goldkritikern immer wieder als Hauptgrund dafür angeführt wird, weshalb von einem Investment in Gold abzusehen ist. Natürlich muss man sich in Zeiten von Null- und Negativzinsen fragen, ob es überhaupt möglich ist, Zinserträge zu vertretbaren Risiken zu erhalten. Die Antwort ist überraschend simpel: Nein. Das spricht auf den ersten Blick dafür, dass dieses Argument mittlerweile überholt ist und keine Gültigkeit mehr besitzt.

Der Schein trübt bekanntermaßen meistens, und so ist es auch in diesem Fall. Das Argument hat heute, und auch in Zukunft, nach wie vor seine Berechtigung. Allerdings muss man es richtig anwenden: Gold bringt keinen laufenden Cashflow (Kapitalfluss).

Diverse andere Investments außerhalb des Edelmetallbereiches bringen Anlegern einen regelmäßigen Cashflow ein. Eine Investition in Aktien bringt einen Kapitalfluss in Form von Dividenden mit sich, Immobilien sorgen für Mieteinnahmen, Grundstücke führen zu Pachtvergütungen und Zinspapiere wie Anleihen werfen Zinsen ab, wenn diese aktuell auch eher niedrig ausfallen.

Regelmäßig Kapital aus seiner Investition zu erhalten ist definitiv eine super Sache, und daher muss das Ausbleiben eines konstanten Kapitalflusses schlichtweg als negativer Punkt einer Anlage in Gold und Silber in Kauf genommen werden.

## 1.2 Edelmetalle haben (angeblich) nur eine magere Rendite

Es ist auch nicht von der Hand zu weisen, dass die Performance von Gold- und Silberanlagen nicht immer zu den größten Gewinnbringern in den vergangenen Jahren zählte. Das wird sich aller Voraussicht nach auch in Zukunft nicht ändern, wenn man stets auf die neuesten Anlagetrends aufspringt und hohe Chancen und Risiken eingehen möchte.

Die Wertentwicklung von Immobilien, Grundstücken und allen voran der Aktien war in der Vergangenheit äußerst positiv. Investiert man einfach nur stupide in den gesamten Aktienmarkt, wie beispielsweise mit einem ETF auf den amerikanischen S&P 500, so kann man langfristig mit einer jährlichen Rendite von circa 8 % kalkulieren. Beschäftigt man sich mit direkten Investments in einzelne Aktien, so sind Gewinne im zweistelligen Prozentbereich, meiner Einschätzung nach, eine realistische Herausforderung, sofern es nicht zu einer Rezession und damit zu einem Börsencrash kommt.

## Goldpreis und Dow Jones seit Aufhebung des Goldstandards

01.01.1968 = 100; alle Daten per 31.12.2020 (in USD)

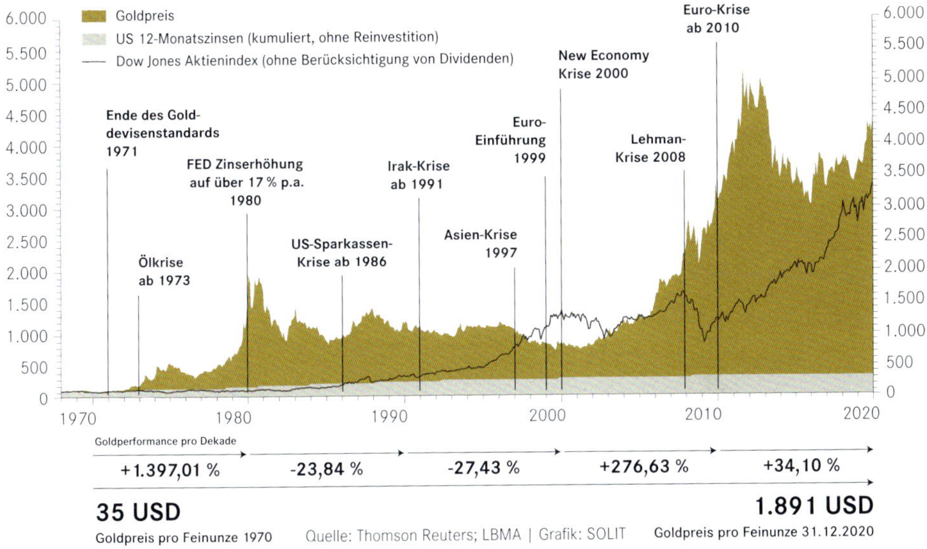


*Gold glänzt langfristig am stärksten.*

Dieser Chart zeigt den Aktienindex Dow Jones sowie den Goldpreis und Zinsen für kurzfristige Anlagen. Er spiegelt die Wertentwicklung der 30 größten amerikanischen Unternehmen wider, die an der Börse notiert sind. Aus einer Investition von 10.000 € im Jahre 1971 sind bis Ende 2020 satte 340.000 € geworden, und das ohne die Einberechnung von Dividenden. Aus einer Investition in Gold wären im selben Zeitraum hingegen rund 430.000 € geworden.

Sicherlich gibt es auch einige kurz- und mittelfristige Zeiträume, die man mehr oder weniger geschickt wählen kann, in denen Gold die Aktienmärkte schlagen kann und umgekehrt. Ersteres sind in der Regel Zeiten, in denen es nicht allzu gut um die Weltwirtschaft steht – in einer solchen Zeit leben wir aktuell.

**Jährliche Wertentwicklung verschiedener Anlageklassen**

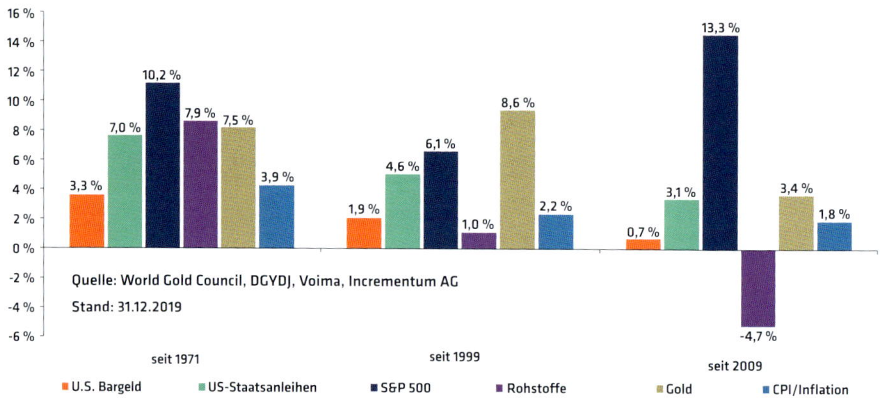


*Jährliche Wertentwicklung verschiedener Anlageformen über unterschiedliche Zeiträume*

Etwas gemächlicher entwickeln sich Immobilien und Grundstücke mit rund 5 bis 8 % auf langfristige Sicht.

Trotz dieser Kennzahlen geht auf langfristige Sicht jedoch die Aktie meist als Sieger aus diesem Vergleich hervor, und wir erwarten von ihr eine höhere Rendite, als sich mit Gold und Silber erzielen lässt. Diese Einstellung wird sich aller Voraussicht nach auch in Zukunft nicht ändern, wenn es zu keinem schweren Crash kommt. Mögliche Gründe für einen solchen Crash werden nachfolgend vorgestellt.

Wenn an anderer Stelle viel mehr zu holen ist, muss man sich als Anleger natürlich die Frage stellen, wo der Sinn einer Investition in Edelmetalle liegt. Es gilt, sich vor jeder Geldanlage die Frage zu stellen (und zu beantworten), warum man genau in diesem Bereich sein Geld unterbringen möchte.

Bei Edelmetallen, zumindest bei Gold und Silber, steht langfristig sicherlich nicht die Erzielung einer möglichst hohen Rendite im Vordergrund. Die Begründung in einem Wort lautet stattdessen: Sicherheit. Man investiert in diese Anlageklasse ganz einfach, um sich gegen eine negative Entwicklung und Schwankungen der anderen Anlageklassen abzusichern und um im Falle einer Katastrophe oder eines Systemzusammenbruchs über ein allgemein akzeptiertes Zahlungsmittel zu verfügen. Auch für kurzfristige Spekulationen werden Edelmetalle ebenso wie andere Rohstoffe eingesetzt. Hierbei steht dann tatsächlich der maximale Gewinn im Vordergrund. Das ist aber für konservative Anleger nicht sonderlich sinnvoll und tendenziell auch nicht das Ziel eines Privatanlegers.

Gold und Silber haben sich insbesondere in Handelswochen mit starken Verlusten an den Börsen als wertvoller Portfoliostabilisator erwiesen, wie ein Blick auf das Fünftel der schwächsten Handelswochen des S&P 500 zeigt:

**Wertentwicklung während der 20 % schwächsten Wochen des S&P 500**

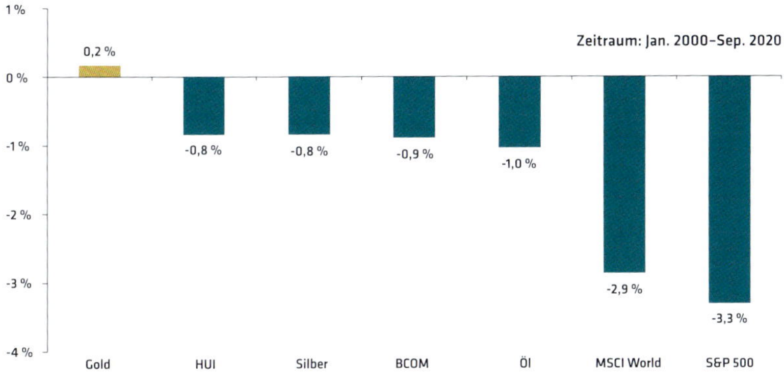


Quelle: Reuters Eikon, Incrementum AG

*Gold glänzt besonders, wenn Aktien fallen.*

Wir können also festhalten: Edelmetalle erzielten oftmals attraktive Wertzuwächse. Der Fokus liegt jedoch nicht auf möglichst hohen Renditen, sondern auf dem Sicherheitsaspekt.

**Dennoch möchte ich Ihnen die Wertzuwächse von Gold und Silber nicht vorenthalten:**

## Jahresrendite von Gold seit 2001 in verschiedenen Währungen

| | USD | EUR | AUD | CAD | CNY | INR | JPY | CHF | GBP |
|---|---|---|---|---|---|---|---|---|---|
| **2001** | 1,0 % | 6,9 % | 9,6 % | 7,2 % | 1,0 % | 4,4 % | 16,2 % | 3,6 % | 3,8 % |
| **2002** | 24,8 % | 5,9 % | 13,5 % | 23,3 % | 24,8 % | 24,8 % | 12,6 % | 3,4 % | 13,2 % |
| **2003** | 19,5 % | -0,5 % | -10,8 % | -1,4 % | 19,5 % | 19,5 % | 7,8 % | 7,0 % | 7,3 % |
| **2004** | 5,4 % | -1,9 % | 1,4 % | -2,3 % | 5,4 % | 5,4 % | 1,0 % | -3,0 % | -2,0 % |
| **2005** | 18,4 % | 35,4 % | 26,1 % | 14,5 % | 15,4 % | 15,4 % | 35,6 % | 36,5 % | 31,9 % |
| **2006** | 23,0 % | 10,3 % | 14,4 % | 23,3 % | 19,0 % | 19,0 % | 24,4 % | 13,9 % | 8,1 % |
| **2007** | 31,3 % | 18,7 % | 18,4 % | 12,5 % | 22,9 % | 22,9 % | 23,2 % | 22,0 % | 29,6 % |
| **2008** | 5,5 % | 10,2 % | 30,9 % | 29,4 % | -1,3 % | -1,3 % | -14,3 % | -2,8 % | 43,1 % |
| **2009** | 24,0 % | 21,0 % | -2,6 % | 6,7 % | 23,9 % | 20,1 % | 27,1 % | 23,0 % | 12,3 % |
| **2010** | 29,7 % | 38,8 % | 13,8 % | 22,9 % | 25,4 % | 24,8 % | 13,2 % | 17,1 % | 34,3 % |
| **2011** | 10,2 % | 13,9 % | 10,4 % | 12,8 % | 5,1 % | 30,3 % | 4,5 % | 10,7 % | 10,9 % |
| **2012** | 6,9 % | 5,1 % | 5,0 % | 4,0 % | 5,8 % | 10,9 % | 20,6 % | 4,3 % | 2,2 % |
| **2013** | -28,1 % | -31,0 % | -16,1 % | -23,2 % | -30,1 % | -19,2 % | -12,7 % | -29,9 % | -29,5 % |
| **2014** | -1,8 % | 11,7 % | 7,1 % | 7,5 % | 0,7 % | 0,2 % | 11,6 % | 9,4 % | 4,4 % |
| **2015** | -10,3 % | -0,2 % | 0,6 % | 6,8 % | -6,2 % | -5,8 % | -9,8 % | -9,7 % | -5,3 % |
| **2016** | 8,6 % | 12,1 % | 9,5 % | 5,3 % | 16,1 % | 11,4 % | 5,4 % | 10,4 % | 29,7 % |
| **2017** | 13,1 % | -0,8 % | 4,7 % | 6,0 % | 6,0 % | 6,3 % | 9,1 % | 8,3 % | 3,3 % |
| **2018** | -1,6 % | 3,0 % | 9,0 % | 6,7 % | 4,1 % | 7,3 % | -4,2 % | -0,8 % | 4,3 % |
| **2019** | 18,3 % | 21,0 % | 18,8 % | 12,7 % | 19,8 % | 21,3 % | 17,2 % | 17,2 % | 13,8 % |
| **2020** | 25,1 % | 14,9 % | 14,0 % | 22,6 % | 17,3 % | 28,1 % | 18,8 % | 15,6 % | 21,3 % |

## Jahresrendite von Silber seit 2001 in verschiedenen Währungen

| | USD | EUR | AUD | CAD | CNY | INR | JPY | CHF | GBP |
|---|---|---|---|---|---|---|---|---|---|
| 2001 | -1,0 % | 4,8 % | 7,4 % | 5,0 % | -1,0 % | 2,3 % | 13,9 % | 1,5 % | 1,7 % |
| 2002 | 4,9 % | -11,0 % | -4,6 % | 3,6 % | 4,9 % | 4,2 % | -5,4 % | -13,1 % | -4,9 % |
| 2003 | 24,0 % | 3,2 % | -7,4 % | 2,3 % | 24,0 % | 17,8 % | 11,9 % | 11,0 % | 11,3 % |
| 2004 | 14,6 % | 6,7 % | 10,3 % | 6,2 % | 14,6 % | 9,9 % | 9,9 % | 5,5 % | 6,6 % |
| 2005 | 30,0 % | 48,7 % | 38,5 % | 25,7 % | 26,8 % | 34,4 % | 48,9 % | 50,0 % | 44,9 % |
| 2006 | 45,5 % | 30,5 % | 35,3 % | 45,9 % | 40,8 % | 42,1 % | 47,2 % | 34,8 % | 28,0 % |
| 2007 | 15,3 % | 4,3 % | 4,0 % | -1,2 % | 7,9 % | 3,3 % | 8,2 % | 7,2 % | 13,8 % |
| 2008 | -23,6 % | -20,2 % | -5,2 % | -6,3 % | -28,5 % | -6,6 % | -38,0 % | -29,6 % | 3,6 % |
| 2009 | 47,8 % | 44,2 % | 16,1 % | 27,2 % | 47,6 % | 43,2 % | 51,5 % | 46,6 % | 33,8 % |
| 2010 | 83,6 % | 96,4 % | 61,1 % | 74,0 % | 77,6 % | 76,7 % | 60,3 % | 65,3 % | 90,1 % |
| 2011 | -9,9 % | -6,9 % | -9,7 % | -7,8 % | -14,1 % | 6,6 % | -14,6 % | -9,5 % | -9,3 % |
| 2012 | 8,9 % | 7,0 % | 6,9 % | 5,9 % | 7,7 % | 12,9 % | 22,8 % | 6,2 % | 4,1 % |
| 2013 | -36,0 % | -38,6 % | -25,3 % | -31,6 % | -37,8 % | -28,0 % | -22,3 % | -37,6 % | -37,2 % |
| 2014 | -19,3 % | -8,2 % | -11,9 % | -11,7 % | -17,2 % | -17,7 % | -8,2 % | -10,1 % | -14,2 % |
| 2015 | -11,9 % | -1,9 % | -1,1 % | 5,0 % | -7,8 % | -7,4 % | -11,3 % | -11,2 % | -6,9 % |
| 2016 | 15,4 % | 19,2 % | 16,4 % | 12,0 % | 23,5 % | 18,5 % | 12,1 % | 17,4 % | 38,0 % |
| 2017 | 6,4 % | -6,7 % | -1,6 % | -0,3 % | -0,3 % | 0,0 % | 2,6 % | 1,8 % | -2,8 % |
| 2018 | -5,4 % | -2,9 % | -0,4 % | -1,3 % | -3,8 % | 1,4 % | -7,1 % | -3,9 % | -3,3 % |
| 2019 | 11,0 % | 17,6 % | 15,6 % | 9,6 % | 16,4 % | 18,0 % | 14,0 % | 13,9 % | 10,6 % |
| 2020 | 48,2 % | 36,0 % | 35,0 % | 45,2 % | 38,9 % | 51,7 % | 40,8 % | 36,9 % | 43,7 % |

Degussa
FEINGOLD
999,9
1000 g
CANADA
KRUGERRAND
20
15
FYNGOUD 1 OZ FINE GOLD

## 1.3 Edelmetallbesitz könnte vom Staat verboten werden

Ein weiteres Argument, das gegen Gold spricht, ist die Gefahr eines Verbotes von Handel und Besitz. Tatsächlich ist diese Aussage nicht völlig aus der Luft gegriffen. In Deutschland gab es in der Vergangenheit bereits Goldverbote, ebenso im Vaterland des Kapitalismus, den Vereinigten Staaten von Amerika.

Dies nun, ohne adäquate Einordnung, als eine akute Gefahr zu betrachten, wäre nicht stringent. Bringen wir ein wenig Wirtschaftsgeschichte ins Spiel: Dieses Verbot wurde durch die Einführung des Goldstandards rechtskräftig. Im Zuge der großen Weltwirtschaftskrise von 1929 begannen die US-Bürger, Gold in großen Mengen zu horten oder gar ins Ausland zu schaffen.

Die Krise wurde durch das Schreckgespenst Deflation und eine Bankenkrise begleitet. Darauf reagierte die US-Regierung mit einem Verbot von privatem Goldbesitz. Kleine Mengen bis zu einem Wert von 100 US-Dollar durften behalten werden, ebenso wie Schmuck und Sammlermünzen. Auch die industrielle Nutzung war weiterhin erlaubt. Der Preis je Feinunze Gold wurde auf 35 US-Dollar festgesetzt und der sogenannte Goldstandard war geboren. Die Menge des verfügbaren Geldes musste immer durch eine entsprechende Menge an Gold durch die Notenbank gedeckt werden, sodass Preisinflationen und -deflationen faktisch unmöglich waren.

Dieses Verbot wurde 1971 teilweise und 1974 komplett aufgehoben und damit auch der Goldstandard abgeschafft. Seitdem hat der US-Dollar gegenüber Gold 98 % seines Wertes verloren, was die Wertbeständigkeit von Gold im Vergleich zu Papiergeld eindrucksvoll belegt.

Mit diesem Verlauf ist der Dollar nicht allein: Jede nicht (mehr) mit Edelme tallen gedeckte Währung kehrt früher oder später zu ihrem inneren Wert 0 zurück, wie dieses Schaubild anhand verschiedener – teils historischer – Währungen zeigt. Wussten Sie, dass der Euro seit seiner Einführung über $^2/_3$ seines Wertes gegenüber Gold verloren hat?

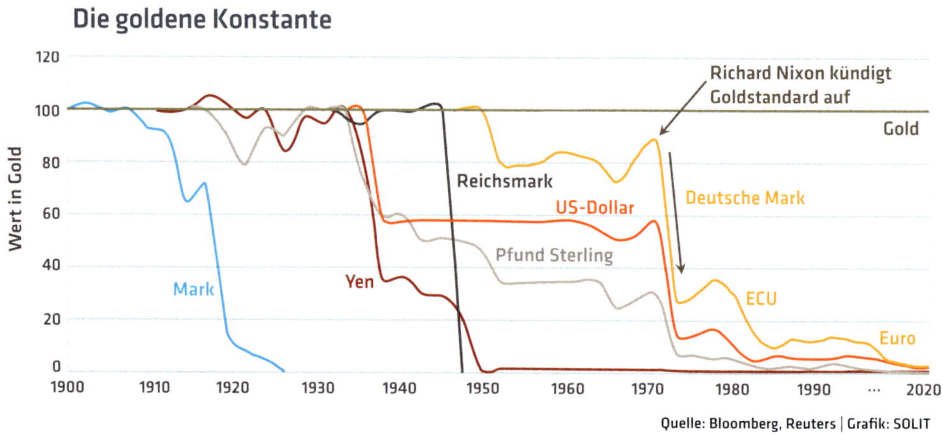


*»Papiergeld kehrt früher oder später zu seinem inneren Wert zurück: Null.«*
– Voltaire

Aus diesem kleinen Exkurs sollten wir mitnehmen, dass das Goldverbot nur deshalb existierte, weil anderenfalls die Einführung des Goldstandards damals gar nicht möglich gewesen wäre. Die Einführung eines erneuten Goldstandard-Geldsystems ist nach Meinung mancher Experten die Voraussetzung für ein erneutes Verbot von Edelmetallen. Dem stimme ich nicht zu, denn eine Koexistenz ist problemlos möglich.

Eine erneute Einführung des Goldstandards wird zwar von manchen Wirtschaftsexperten gefordert, ist aber aktuell eher unwahrscheinlich. Notenbanken müssen in einer schnelllebigen Welt, die geprägt ist von hohen Staatsschulden, in ihrer Geldmengenregulierung reaktionsfähig sein. In einem Goldstandardsystem ist eine variable Geldmengenregulierung de facto unmöglich.

Und welche Partei bzw. welche politische Orientierung sollte dies rechtfertigen können? Liberale und Konservative, die in der Vergangenheit den Goldstandard eingeführt hatten, wurden im Nachhinein damit konfrontiert, dass er für ein erhebliches Hemmnis des Wirtschaftswachstums gesorgt hat.

Soziale oder gar kommunistische Parteien werden ebenso davon absehen müssen, da eine regelmäßige Geldmengenerhöhung dann nicht mehr möglich wäre, die jedoch nötig ist, um die vielen Sozialausgaben in einem Sozialstaat stemmen zu können.

Abschließend möchte ich hierzu anführen: Es kann theoretisch alles verboten werden, und es gab und wird auch immer wieder absurde Verbote geben, die wider Erwarten in Kraft treten. Es macht dennoch wenig Sinn, immer nur in der Angst vor Verboten und Beschränkungen zu leben. (Auch abseits von der Geldanlage-Thematik führt eine solche Lebensweise eher zu Frust und wenig Lebensfreude.) Die Wahrscheinlichkeit eines erneuten Goldverbotes ist aktuell eher als gering einzustufen. Und wenn es doch soweit kommt, wird es sicherlich mittels Sammlermünzen oder anderen Edelmetallen einen alternativen Ausweg geben.

### eBook zum Thema Goldverbot als PDF-Download

Wenn Sie sich intensiver mit dem Besitzverbot von Gold im historischen und aktuellen Kontext beschäftigen möchten, finden Sie unter

**www.goldsilbershop.de/goldverbot.html**

einen ausführlichen Fachbeitrag, den Sie sich auch als eBook herunterladen können.

# 2 Vorteile von Edelmetallen

Genug der Argumente, die man gegen ein Investment in Edelmetalle anbringen kann. Viel wichtiger sind schließlich die Gründe, die generell für Gold, Silber und Co. sprechen.

OLD 99

## 2.1 Edelmetalle sind Sachwerte

An dieser Tatsache besteht definitiv kein Zweifel. Vielmehr stellt sich hier die Frage: Was hat man als Anleger davon, wenn eine Geldanlage unter die Kategorie der Sachwerte fällt? Es bringt einen entscheidenden Vorteil mit sich: die Währungsunabhängigkeit. Ein Sachwert ist ein physischer Gegenstand, der nicht immer greifbar sein muss, wie zum Beispiel Aktien.

Wenn in einer Volkswirtschaft alles nach Plan läuft, haben physische Gegenstände immer einen Preis in Form einer Währung, und dieser Preis wird am Markt festgelegt. Geldwerte wie Anleihen, Zertifikate oder Bargeld besitzen einen zuvor festgelegten Wert innerhalb der Währung. Fällt nun diese Währung, in der man beispielsweise das Bargeld hält, so steht zwar dennoch der gleiche Betrag auf den Scheinen, der Wert (und somit die Kaufkraft) nimmt aber ab.

Kommt es gar zu einem Kollaps der Währung, sind sämtliche Geldwerte der entsprechenden Währung absolut wertlos. Zu einem solchen Horrorszenario kam es leider schon einige Male in der jüngsten Menschheitsgeschichte. Vor allem in Deutschland sind die Bürger im letzten Jahrhundert schon mehrmals Opfer einer Geldentwertung geworden. Das muss jedoch keineswegs bedeuten, dass sich diese Vergangenheit wiederholen wird. Ich hoffe natürlich, dass sich dies in den kommenden Dekaden anders verhalten wird, jedoch kann man sich von Hoffnung allein nur wenig kaufen. Man muss den Tatsachen ins Auge sehen: Selbst, wenn es nicht zu einem Währungscrash kommt, verlieren die Geldwerte jedes Jahr, bedingt durch die Inflation, einen Teil des tatsächlichen Wertes und der entsprechenden Kaufkraft. In einem normalen Wirtschaftsumfeld sind hier mit 2 bis 4 % jährlich zu rechnen.

An dieser Stelle zeigt sich nun die Stärke der währungsunabhängigen Sachwerte. Sie besitzen einen Inflationsschutz. Statt an Wert zu verlieren, steigen sie, zusammen mit der Inflation, im Preis an, während der Wert und die Kaufkraft gleichbleiben. Völlig unabhängig davon unterliegen Sachwerte dennoch natürlichen Preisschwankungen, verursacht durch das Spiel aus Angebot und Nachfrage. Von dem festen und scheinbar unumgänglichen Wertzerfall durch die Inflationsrate sind sie aber ausgenommen.

## 2.2 Gold und Silber sind immerwährende, gültige Zahlungsmittel

Papierwährungen kommen und gehen. Vor allem in Europa litten die Menschen in der Vergangenheit vermehrt unter einem solchen Szenario. Immer wieder wurden Währungen innerhalb kurzer Zeit durch massive Inflationen wertlos (siehe vorheriger Absatz) und waren somit als Zahlungsmittel nicht mehr zu gebrauchen.

Doch auch ohne das komplette Zusammenbrechen einer Währung werden einige nicht überall als werthaltiger Zahlungsgegenstand akzeptiert. Währungen wie die türkische Lira oder den argentinischen Peso will über die Landesgrenzen hinaus niemand haben.

Das ist bei solch schwachen Währungen natürlich verständlich. Es gibt streng genommen nur zwei Währungen des heute etablierten Papiergeldsystems, mit denen man auf dem internationalen Markt für Warentäusche sehr weit kommt: der US-Dollar und der Schweizer Franken. Viele Befürworter von Edelmetallen verlieren gerne nur negative Worte über sämtliches Papiergeld. Ich sehe mich persönlich zwar als generellen Befürworter des Besitzes und regelmäßigen Kaufes von Gold und Silber.

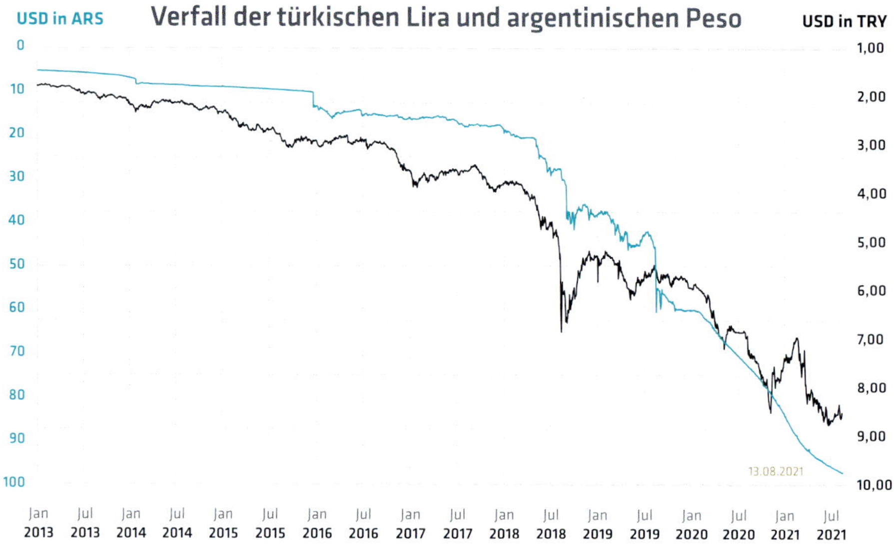


*Der dramatische Wertverfall von türkische Lira und argentinische Peso gegenüber dem US-Dollar.*

Deswegen aber den Franken und den Dollar auf dieselbe Ebene zu stellen wie das restliche Papiergeld, würde diesen harten Währungen nicht gerecht werden und schlichtweg auch nicht der Wahrheit entsprechen. Dollar und Franken sind sozusagen die Einäugigen unter den Blinden.

Der US-Dollar ist das älteste Papiergeld und wurde bereits 1785 eingeführt. Seitdem gab es keinerlei Währungsreform oder Hyperinflation in den USA, die die Existenz des Greenbacks[1] ernsthaft gefährdet hätte. Dasselbe gilt für den Schweizer Franken, der im Jahr 1850 eingeführt wurde.

Dennoch war es stets besser, Gold und Silber zu besitzen statt Dollar und Franken, was ich anhand zweier Dollar- und einer Franken-Münze belegen möchte:

1 Greenback: Kosename des US-Dollars

## 2.3 Materialwert gewinnt gegenüber Nennwert

20 US-Dollar
»Double Eagle«

Stellen Sie sich vor, Sie hätten 1933 die Wahl gehabt, diese Goldmünze oder einen 20 US-Dollar-Schein zu wählen. Wofür hätten Sie sich entschieden?

Double Eagles, wie diese, wurden von 1850 bis 1933 geprägt und haben einen Nennwert von 20 US-Dollar. Beide Optionen waren damals und sind heute gleich viel wert, oder etwa nicht? Für die Münze erhalten Sie heute allein aufgrund des Materialwerts rund 1.900 US-Dollar statt des Nennwerts von 20 US-Dollar.

Silber-Quarter

Ähnlich sieht es mit diesem Vierteldollar, *Quarter* genannt, aus:

Auch heute noch können Sie mit dieser Münze bezahlen. Was viele nicht wissen: Bis 1965 bestand der *Quarter* zu 90 % aus Silber, heute nur noch aus Kupfer und Nickel. Derjenige, der noch alte Silber-Quarter besitzt, statt sie gegen *Kupfer-Nickel-Quarter* getauscht zu haben, kann sich glücklich schätzen. *Silber-Quarter* haben heute einen Materialwert von fast fünf Dollar.

Beim Schweizer Franken verhält es sich ähnlich: 20 Franken wurden bis 1947 in Form dieser Vreneli-Münzen mit fast 6 g Feingold geprägt. Statt des Nennwerts von 20 Franken erhalten Sie heute rund 300 Franken allein aufgrund des Materialwerts.

20 Schweizer Franken »Gold-Vreneli«

Seit über 100 Jahren werden diese Währungen in sämtlichen Ländern der Welt gerne als Zahlungsmittel angenommen, wenn die heimische Währung mal wieder unter einem Inflationsdruck leidet. Selbst in den Ländern, in denen die USA scheinbar sehr verhasst sind, wird der Greenback sehr gerne gesehen.

Für Investoren rund um den Globus haben sich die Gelder aus Amerika und der Alpenrepublik einen Namen als sogenannte Krisenwährung gemacht. Gibt es irgendwo auf unserem blauen Planeten eine Krise, welcher Art auch immer, so fließt jede Menge Geld in den Dollar und allen voran den Franken.

Gold und Silber werden hingegen schon seit Anbeginn der Menschheit als Wertaufbewahrungsmittel und Zahlungsgegenstand für Warentäusche genutzt. Sie können also auf eine viel ältere Historie zurückblicken als der Franken und der Dollar. Der Status einer Krisenwährung ist somit in erster Linie den Edelmetallen zuzuschreiben. Daher werden diese Metallstücke mit großer Wahrscheinlichkeit für den Rest der Menschheitsgeschichte die gleiche Funktion haben wie heutzutage.

Es gibt eigentlich immer irgendwo auf der Welt einen aktuellen Krisenherd, in dem ein reger Einsatz von Gold und Silber herrscht. Die besten Beispiele hierfür sind Venezuela und Argentinien.

### Entwicklung: Goldpreis pro Feinunze in türkische Lira und argentinische Peso

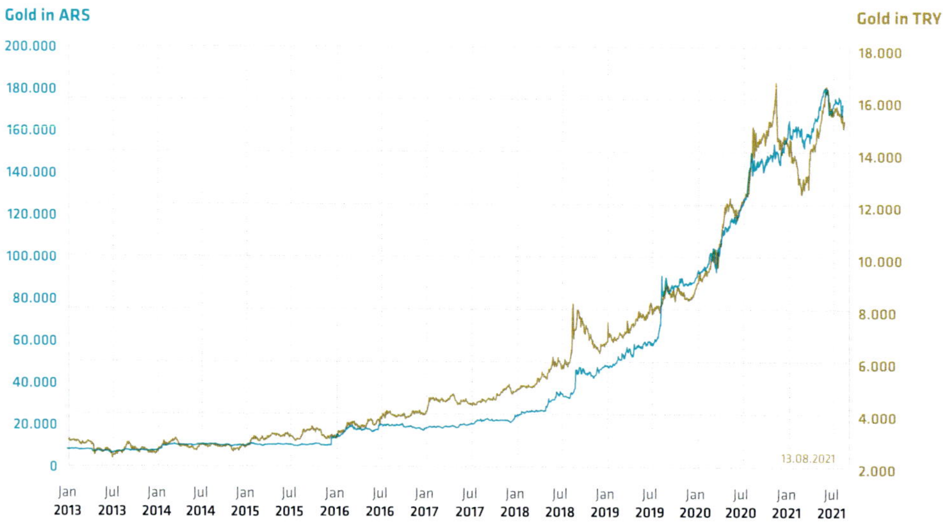


*Der Goldpreis explodiert regelrecht in Lira und Peso.*

Die Währungen beider Staaten unterliegen einer Hyperinflation und das Vertrauen in die heimische Währung ist verloren gegangen. Als Ersatz werden Gold und Silber intensiv genutzt. Doch auch der US-Dollar sollte nicht verschwiegen werden. Man kann an dieser Stelle natürlich damit argumentieren, dass in Venezuela der Kommunismus die Wirtschaft komplett ruiniert hat und ein solches Szenario in Europa für viele Menschen unvorstellbar ist.

Die Menschen in Argentinien hingegen leiden schon seit Jahrzenten unter einer instabilen Regierung, die immer wieder neue Hyperinflationen angefacht hat. Auch das scheint in Europa kaum vorstellbar zu sein. Der erneute Bedarf eines regen Einsatzes von Gold und Silber infolge katastrophaler Zustände nach einem großen Krieg, wie es in Europa und allen voran in Deutschland Ende der 40er-, Anfang der 50er-Jahre der Fall war, scheint ebenfalls weit hergeholt. Ein (erneutes) Eintreffen solcher Szenarien in Europa oder Nordamerika ist, vom aktuellen Standpunkt betrachtet, sehr unwahrscheinlich. Grundsätzlich ist es wichtig, eine gesunde Portion Optimismus mitzubringen und an die Aufrechterhaltung einer friedlichen Politik zu glauben.

Dennoch haben alle Notsituationen eines gemeinsam: Man kann in jeder Krise, ungeachtet ihrer Größe und Art, mit Gold und Silber seine Ersparnisse sichern sowie Waren und Dienstleistungen einkaufen. Daher gilt die Devise: Vorsicht ist die Mutter der Porzellankiste.

## 2.4 Edelmetalle sind liquide

Im Zusammenhang mit Aktien und anderen Wertpapieren wird sehr schnell die hohe Liquidität dieser Anlageklassen als großer Vorteil genannt, und das völlig zu Recht. Definitiv sind Wertpapiere die liquideste Investition, die man als Anleger tätigen kann. Zu den Handelszeiten kann man in Sekundenschnelle Wertpapiere zu Cash machen, während bei Immobilien oder außerbörslichen Unternehmensbeteiligungen ein schneller Verkauf ausgeschlossen ist.

Tatsächlich sind Edelmetalle generell als ähnlich liquide einzustufen. In den meisten Städten Deutschlands gibt es einen oder mehrere Edelmetallhändler, bei denen werktags Gold und Co. in Bargeld getauscht werden kann. Auch viele Banken bieten einen Ankauf an. Auf unserer Webseite unter **www.goldsilbershop.de/tafelgeschaeft.html** listen wir über 100 An- und Verkaufsstellen bundesweit auf – bestimmt gibt es auch eine in Ihrer Nähe.

Stuft man nun Edelmetalle als Geldwährung ein, so kann man per Definition sogar von einer hundertprozentigen Liquidität sprechen.

Die Einordnung für die Höhe der Liquidität von Edelmetallen liegt im Auge des Betrachters. Die Wahrheit wird wohl irgendwo zwischen den beiden verschiedenen Sichtweisen liegen.

## 2.5 Edelmetalle haben eine sehr geringe Korrelation zu den ertragreichen Anlageklassen

Die Korrelation gibt in der Finanzbranche an, wie abhängig verschiedene Finanzanlagen voneinander sind und wie stark sie sich gleichläufig entwickeln. Wenn der Ölpreis fällt, korrelieren Aktien von Ölunternehmen positiv mit der Entwicklung des Ölpreises. Schließlich werden diese dadurch weniger Geld verdienen und die Aktienkurse entsprechend fallen. Eine Airline hingegen hat eine negative Korrelationsentwicklung gegenüber dem Ölpreis, da bei dessen negativer Entwicklung die Kerosinpreise für den Betrieb der Flugzeuge sinken und die Airline dann mehr Geld verdient.

Ein Korrelationswert von 1 bedeutet, dass sich die Anlageklassen exakt gleichläufig entwickeln. Ein Wert von -1 bedeutet, dass sie sich genau entgegengesetzt entwickeln, und ein Wert nahe Null zeigt an, dass sich die jeweiligen Anlagen sehr unabhängig voneinander entwickeln und nur eine leichte Tendenz zu einer positiven bzw. negativen Korrelation haben. Genau dieses Szenario trifft in der klassischen Finanzliteratur auch auf die Korrelation von Gold und

Silber gegenüber den anderen großen Anlageklassen Aktien, Immobilien und Anleihen zu. Je nachdem, welchen Berechnungen man Glauben schenken mag, haben die Edelmetalle zu den anderen Assetklassen im Durchschnitt eine leicht negative Korrelation (-0,1).

Durch die Aufnahme von Edelmetallen in ein Investment-Portfolio, das bisher ausschließlich aus anderen Anlageklassen besteht, können die Schwankungen und das Risiko erheblich reduziert werden.

## Wertentwicklung von Gold vs. Aktien rund um März 2020 / Corona-Crash

*Gold beweist sich während des Corona-Crashs einmal mehr als sicherer Hafen.*

Die Erfahrung zeigt sogar steigende Gold- und meist auch Silberpreise bei sinkenden Immobilien- und Aktienwerten. Diese häufig ablaufende Entwicklung ist nur eine logische Folge der Tatsache, dass Edelmetalle in Krisenzeiten als sicherer Hafen gelten, wohingegen die Börsen und Immobilienmärkte in schweren Zeiten schnell unter Druck geraten.

## 2.6 Gold und Silber sind ein absolutes No-Brainer-Investment

Als No-Brainer werden im Finanzwesen solche Investitionen bezeichnet, die kein allzu großes Knowhow und allen voran keine intensive und regelmäßige Analyse benötigen. Natürlich sollte man niemals sein hart erspartes Geld komplett ohne Vorwissen und völlig ins Blaue hinein investieren. Dennoch benötigen die (in diesem Buch immer wieder thematisierten) anderen Assetklassen von Grund auf eine viel größere Wissensbasis und aktive Analyse als die langfristige Geldanlage in Edelmetalle.

Der Markt für Edelmetalle ist sehr gut ersichtlich, und an jedem Handelstag findet eine neue Preisfindung an den Börsen statt. Bei Immobilien hingegen ist der Markt sehr undurchsichtig und nicht mit einem einzigen Blick überschaubar. Der Handel mit Anleihen, insbesondere Aktien, setzt eine intensive Unternehmensanalyse sowie Grundkenntnisse von Betriebswirtschaft, Volkswirtschaft und spezifisches Branchenwissen voraus. Und dann gibt es natürlich auch noch die große Qual der Wahl bei den Tausenden potenziellen Wertpapieren und Immobilien. Im Edelmetallbereich ist die Auswahl hingegen sehr eingeschränkt. An den Börsen gibt es gerade einmal vier handelbare: Gold, Silber, Platin und Palladium.

## 2.7 Edelmetalle lassen sich teilweise anonym handeln

Die Gattung der Edelmetalle ist die einzige Geldanlage, in die, zumindest in einem kleinen Maß und auf legale Weise, ein völlig anonymes Investieren möglich ist.

Klären wir zunächst einmal den Begriff »teilweise«. Der anonyme Kauf ist nur beim sogenannten Tafelgeschäft möglich. Bei einem Tafelgeschäft handelt es sich um die Beschaffung von physischem Edelmetall im Austausch gegen Bargeld bei einem Händler oder einer Bank. Dies ist seit dem Jahr 2020 nur noch bis zu der sogenannten Bargeldobergrenze von 2.000 € möglich. Im Juni 2017 war sie bereits von 14.999 € auf 9.999 € reduziert worden. Hier zeigt sich leider ein klarer Trend. Tafelgeschäfte über der Bargeldgrenze sind zwar möglich, aber nicht ohne das Vorlegen des Ausweises und das Ausfüllen eines Formulars. Die Obergrenze für den Kauf kann nicht durch den mehrfachen Gang zu ein und demselben Edelmetallhändler umgangen werden, denn mehrere zeitlich eng aufeinander folgende Transaktionen sind als eine zu werten. Es sollten mehrere Wochen zwischen den einzelnen Käufen liegen.

Onlinekäufe sind, unabhängig vom Volumen, nicht anonym möglich, und auch die meisten Banken bieten für ihre Kunden keinerlei anonymen Handel an, da dieser meist nur über das eigene Girokonto möglich ist und nicht durch einen Bargeldtransfer.

Ein Großteil der Finanzexperten und Edelmetallhändler ist sich (leider) darin einig, dass auch die jetzige Bargeldobergrenze von 2.000 € noch einmal reduziert werden wird, bis der anonyme Kauf letztlich wohl komplett abgeschafft wird.

Interessanterweise hat die FDP bei der Bundesregierung die Anfrage gestellt, wie viele konkrete Geldwäscheverdachtsfälle in Deutschland im Zusammenhang mit Edelmetallgeschäften im Jahr 2019 tatsächlich vorgelegen haben. Das Ergebnis ist verblüffend: Lediglich 80 Fälle waren es, die sich zudem bei weiterer Prüfung größtenteils als unbegründet herausgestellt haben.

Auch soll durch die Absenkung der Bargeldobergrenze die Finanzierung von Terrorismus verhindert werden. Ob Geldwäsche und Terrorismus eine eindeutige Konsequenz aus dem Edelmetallhandel und ein triftiges Argument für eine weitere Senkung der Bargeldobergrenze sind, sei dahingestellt. Fakt ist: Wir müssen wahrscheinlich damit rechnen, dass es in naher Zukunft auch bei Edelmetallen keinerlei anonyme Investitionen mehr in Deutschland geben wird. Dieser Vorteil ist somit langfristig nichtig.

Übrigens: Ein häufig genanntes Vorurteil ist, dass der anonyme Goldkauf nur etwas für Kriminelle ist. Dem ist nicht so, wie folgende Gründe belegen:

- → Man möchte keine Vorkasse leisten.
- → Man möchte Gold zu Hause verstecken und daher möglichst wenig Mitwisser haben.
- → Man möchte die Ware vor dem Kauf anschauen.
- → Die Hausbank bietet keinen anonymen Kauf mehr an.
- → Man möchte das Einkaufserlebnis genießen.
- → Man ist selten zu Hause anzutreffen, sodass eine Versandzustellung schwer möglich ist.

### Über 100 Anlaufstellen für Kauf vor Ort in Deutschland

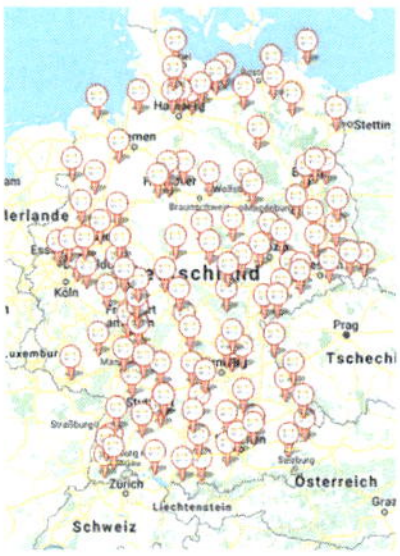


Wir führen je ein Ladengeschäft in Mainz und Wiesbaden. Neben diesen beiden listen wir unter

**www.goldsilbershop.de/tafelgeschaeft.html**

über 100 regionale bzw. lokale Edelmetallhändler auf, bei denen Sie vor Ort Edelmetalle (anonym) gegen Barzahlung kaufen können.

### eBook zum Thema »Gold anonym kaufen«

Worauf Sie achten sollten, wenn Sie anonym mit Bargeld kaufen möchten und wo Sie dies tun können, erfahren Sie im folgenden eBook, das Sie unter

**www.goldsilbershop.de/gold-anonym-kaufen-verkaufen.html**

herunterladen können.

## 2.8 Edelmetalle sind ein natürlich limitierter Rohstoff

Eine Tatsache, bei der es keine zwei Meinungen gibt. Die Frage ist jedoch: Warum sind Edelmetalle als Finanzanlage interessant? Die Antwort lautet: Wenn ein Gut streng limitiert ist und nicht vermehrt werden kann, so zeigt uns die Erfahrung, dass die Preise dafür langfristig steigen werden und der Wert mindestens erhalten, wenn nicht sogar vermehrt wird.

Man kann die Thematik noch ein wenig weiterspinnen und die aktuelle Situation der Weltbevölkerung hinzuziehen: Die Bevölkerungszahlen steigen, die Mittelschichten genießen weltweit ein rasantes Wachstum, doch die verfügbare Menge an Edelmetallen bleibt gleich. Auf der einen Seite herrscht also ein gleichbleibendes oder gar sinkendes Angebot durch Verbrauch, während auf der anderen Seite die Nachfrage steigt. Die logische Konsequenz ist, dass die Preise langfristig steigen.

## 2.9 Steigende Förderkosten treiben zwangsläufig die Preise an

**Förder-/Produktionskosten von einer Feinunze Gold in US-Dollar**

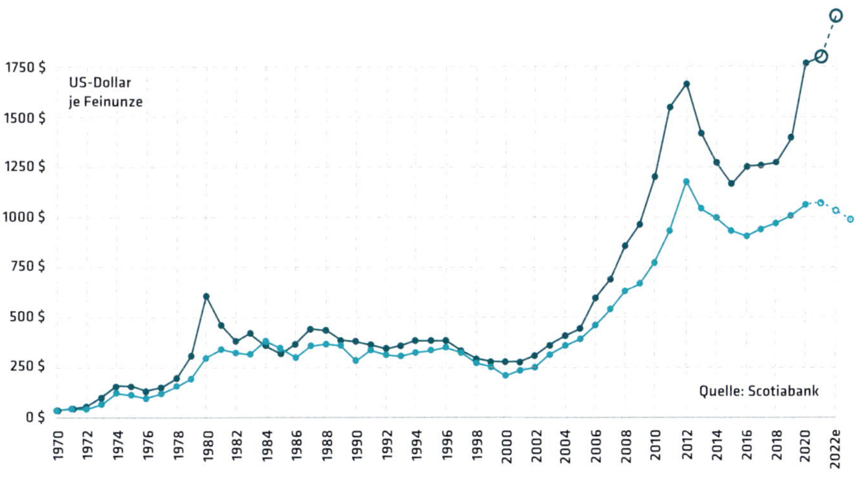


*Produktionskosten von Gold*

Diese Abbildung zeigt die Entwicklung der Produktionskosten von Gold, die hauptsächlich aus der Förderung bestehen. Im Vergleich dazu ist die Entwicklung des an der Börse gehandelten Preises des Edelmetalls aufgezeichnet.

Grundsätzlich ist anzunehmen, dass die Förderkosten durch erhöhten und effizienteren Maschineneinsatz sinken müssten. Das ist grundsätzlich richtig. Dennoch überwiegen die Faktoren, die für steigende Gesamtkosten sorgen, und dazu zählen (in geringem Maße) erhöhte Lohn- und Energiekosten. Der entscheidende große Kostentreiber sind jedoch die immer komplizierter werdenden Förderungsbedingungen. Die leicht zu erschließenden Goldadern sind bereits erschlossen, und es wird immer aufwendiger, neues Gold abzubauen. Die steigenden Kosten für die Produktion treffen nicht nur auf das hier abgebildete Gold zu, sondern auf alle Edelmetalle.

Der Chart zeigt, dass sich die Produktionskosten unterhalb der Preislinie bewegen und als Unterstützung dafür sorgen, dass diese weiter steigen. Das ist ein normaler und logischer ökonomischer Zusammenhang. Goldminenunternehmen bauen nur dann den begehrten Rohstoff ab, wenn der Preis attraktiv genug ist, um einen soliden Gewinn zu erzielen. Droht der Preis unter die Förderkosten zu fallen, so wird sofort weniger produziert, bis sich der Goldpreis durch das sinkende Angebot wieder erholt hat.

## 2.10 Zunehmende Umweltauflagen können zu erheblichen Produktionskürzungen führen

Dieser Punkt ist für die Allgemeinheit wohl kaum von Vorteil. Fakt ist allerdings, dass es aus Sicht des langfristig orientierten Privatanlegers durchaus als ein Vorteil zu werten ist.

Der Abbau von Edelmetallen hinterlässt einen deutlichen $CO_2$-Fußabdruck sowie erhebliche Eingriffe in die Natur und steht deshalb nicht zu Unrecht im Visier von strengen Umweltauflagen. Insbesondere in sensiblen Gebieten könnte zukünftig der Abbau sogar komplett verboten werden.

Die Konsequenzen von mehr Auflagen oder gar teilweise kompletten Verboten des Abbaus sind offensichtlich: Das Produktionsvolumen wird sinken, und somit auch das Angebot von Edelmetallen am Markt. Bekanntermaßen sorgt ein sinkendes Angebot eines Gutes für steigende Preise des besagten Gutes.

Dieser Zusammenhang ist allerdings hauptsächlich als ein Vorteil für die Anlage in Gold zu werten. Die anderen Edelmetalle haben einen hohen industriellen Bedarf und können kaum durch andere Materialien ersetzt werden. Dies dürfte Einschränkungen und Abbauverbote größtenteils verhindern.

## 2.11 Aus steuerlichen Gesichtspunkten sind Edelmetalle sehr attraktiv

Im Detail haben Gold, Silber und die Sonderformen der Edelmetalle (Platin usw.) alle ihre eigenen spezifischen Aspekte in Bezug auf die Besteuerung, die es zu beachten gilt. Eines haben diese aber alle gemeinsam: Die erzielten Gewinne durch Wertsteigerungen sind nach einer Haltefrist von einem Jahr komplett steuerfrei. Kaum zu glauben, dass es heutzutage in Westeuropa noch etwas gibt, das von Steuern befreit ist.

Das liegt darin begründet, dass grundsätzlich alles Gewinnbringende, das im Sinne des Steuergesetzes als Sachwert deklariert wird, für Privatpersonen nach der Haltefrist vom Finanzamt verschont bleibt. Dies betrifft also ebenso Kunstgegenstände, Oldtimer oder edlen Whisky. Im Einzelfall sollte sich dennoch jeder Anleger für konkrete Fragen einen Steuerberater suchen, um auf dem aktuellen und korrekten Stand zu sein.

Zur Verdeutlichung des Renditevorteils bei Gold (wenn man die Steuern berücksichtigt) möchten wir folgende Beispielrechnungen aufstellen. Aus diesen Rechnungen geht außerdem hervor, wie wichtig es ist, beim Vergleichen die Nachsteuerrendite und nicht (nur) die Vorsteuerrendite zu betrachten.

### Beispiel 1

| Anlageform | Goldbarren | Aktien oder Fonds |
|---|---|---|
| Anlagebetrag | 100.000 € | 100.000 € |
| Angenommene Rendite vor Steuern | 6 % | 6 % |
| Anlagedauer | 25 Jahre | 25 Jahre |
| Vermögen vor Steuern | 429.187,07 € | 429.187,07 € |
| Abgeltungssteuer | keine | 25 % |
| Zu zahlende Abgeltungssteuer | keine | 82.296,77 € |
| Nach-Steuer-Vermögen | 429.187,07 € | 346.890,30 € |

Sie sehen also: Nach Steuern haben Sie beim Investment in Goldbarren aufgrund der eingesparten Abgeltungssteuer über 80.000 € mehr an Vermögen im Vergleich zu einer Anlage in Aktien oder Fonds. Sie müssten demnach bei einer anderen Anlageform einen jährlichen Ertrag von 3 % mehr erzielen, um die gleiche Nachsteuerrendite zu generieren wie mit Goldbarren.

Physisches Gold ist also eine sehr attraktive Geldanlage und eignet sich insbesondere aufgrund der Langfristigkeit auch zum Aufbau einer privaten Altersvorsorge. Dies verdeutlicht ein weiteres Beispiel, bei dem anhand realistischer Zahlen verglichen wird, welche Rendite (vor und nach Steuern) Sie zum einen mit Gold und zum anderen mit DAX-Aktien erzielt hätten:

### Beispiel 2

| Anlageform | Gold | DAX-Aktien |
|---|---|---|
| Anlagebetrag | 100.000 € | 100.000 € |
| Goldpreis (Unze) / DAX-Index im Jahr 2006 | ca. 400 € | ca. 6.000 Punkte |
| Anlagedauer | 15 Jahre | 15 Jahre |
| Gold-/Aktien-Verkauf im März 2021 zu | ca. 1.500 € | 14.800 Punkte |
| Vermögen bei Verkauf | 375.000 € | 246.400 € |
| Gewinn bzw. Verlust vor Steuern | 275.000 € | 146.400 € |
| Abgeltungssteuer | keine | 36.600 € |
| Gewinn bzw. Verlust nach Steuern | +275.000 € | +109.800 € |

### Beispiel 3 (anderer Zeitraum)

| Anlageform | Gold | DAX-Aktien |
|---|---|---|
| Anlagebetrag | 100.000 € | 100.000 € |
| Goldpreis (Unze) / DAX-Index im Jahr 2001 | ca. 300 € | ca. 4.500 Punkte |
| Anlagedauer | 20 Jahre | 20 Jahre |
| Gold-/Aktien-Verkauf im März 2021 zu | ca. 1.500 € | 14.800 Punkte |
| Vermögen bei Verkauf | 500.000 € | 328.880 € |
| Gewinn bzw. Verlust vor Steuern | 400.000 € | 228.880 € |
| Abgeltungssteuer | keine | 57.220 € |
| Gewinn bzw. Verlust nach Steuern | +400.000 € | +171.660 € |

Anhand dieser Beispiel-Berechnungen aus der Praxis, nämlich auf Basis der echten Preise/Kurse bei Gold und DAX-Index, erkennen Sie gleich zwei Dinge: Zum einen hätten Sie in der Vergangenheit im beispielhaften Zeitraum von 15 bzw. 20 Jahren mit Gold bereits eine deutlich höhere Vorsteuerrendite erzielt als mit DAX-Aktien. Hinzu kommt, dass der Unterschied nach Steuern noch größer ist, da der Gewinn beim Gold steuerfrei ist.

## 2.12 Steuern beeinträchtigen den Zinseszinseffekt

Kommen wir noch einmal zu Beispiel 1 zurück und versuchen wir, diese Zahlen etwas greifbarer zu machen: Stellen Sie sich vor, dass der Geldbetrag von rund 430.000 €, den Sie nach 25 Jahren Anlagedauer haben, die Summe ist, die Sie benötigen, um die Rentenlücke Ihrer gesetzlichen Altersvorsorge zu schließen.

Wenn Ihnen davon rund 82.000 € durch die Abgeltungssteuer vom Staat wieder genommen wird und somit zum Schließen Ihrer Rentenlücke fehlt, können Sie erst rund 4 Jahre später Ihren verdienten Ruhestand beginnen. So lange dauert es, bis Sie den Renditenachteil von Aktien oder Fonds aufgrund der anfallenden Abgeltungssteuer aufgeholt haben. Aus Rente mit 65 wird dann Rente mit 69 Jahren. Wie fühlt sich diese Vorstellung für Sie an?

Leider ist die Realität noch dramatischer als das genannte Beispiel: Niemand behält eine Aktie oder einen Fonds über 25 Jahre im Depot – Märkte und Geschäftsmodelle ändern sich. Vor 25 Jahren waren Karstadt- oder Quelle-Aktien durchaus ein attraktives Investment. Heute sind deren Aktien fast wertlose Penny-Stocks. Amazon hingegen hat nicht nur den Versandhandel, sondern auch das Einkaufen revolutioniert – in den letzten Jahren und auch heute ist es attraktiver, Amazon-Aktien zu besitzen.

**Exkurs für die jüngeren Leser: Wer ist Karstadt bzw. Quelle?**

Das Unternehmen Quelle war über Jahrzehnte in Deutschland DER Versandhändler schlechthin. Ganze Haushalte haben alles zum Leben benötigte, außer Lebensmittel, über den Quelle-Papierkatalog bestellt: Kleidung, Möbel, Werkzeuge etc. Die Alternative dazu waren die Warenhäuser von Karstadt.

Unsere Welt ändert sich ständig. Die Folge ist, dass man regelmäßig umschichtet und Aktie A gegen Aktie B und anschließend gegen Fonds C tauscht. Bei jeder dieser Umschichtungen wird sofort Abgeltungssteuer fällig. Der Geldbetrag, der durch die Abgeltungssteuer abfließt, fehlt für die Reinvestition und mindert somit den Zinseszinseffekt.

Was dies bedeutet? Nehmen wir einmal an, dass wir dieselben 100.000 € vor 25 Jahren zu 6 % Vorsteuerrendite angelegt haben und alle 5 Jahre Gewinne realisieren und in eine aussichtsreichere Aktie bzw. Fonds umschichten. Statt 346.890,30 € haben Sie dann nach 25 Jahren nur 309.681,15 € nach Steuern erwirtschaftet. Gegenüber den steuerfreien Gewinnen bei Gold ist Ihr Rentenbeginn mit Aktien und Fonds um ca. 6 Jahre nach hinten gerückt. Erst mit 71 Jahren können Sie es sich leisten, »die Füße hochzulegen« und Lebensträume wie häufiges Reisen in die Tat umsetzen. Für diese Zahlen und die Vorstellung davon, wie viel Zeit man dann noch für seine Träume und Wünsche hat, sind folgende statistischen Zahlen sehr eindrucksvoll: Ein 2020 geborener Junge hat eine Lebenserwartung von 78,6 Jahren, ein Mädchen 83,4 Jahre.

Auf steuerpflichtige Kapitalanlagen zu setzen bedeutet entweder mehr fürs Alter zurücklegen, länger arbeiten oder ein deutlich höheres Anlagerisiko eingehen zu müssen:

In finanzmathematischen Modellen sagt man, dass je höher die Renditeerwartung ist, desto höher ist das Anlagerisiko, das man eingeht. Simples Beispiel: Das gute alte Sparbuch hat über viele Jahre konstant ein, zwei Prozent Zinsen gebracht. Dafür gab es keine Wertschwankungen. Aktien brachten mehr, sorgten aber auch für ein höheres Anlagerisiko in Form von teils beachtlichen Wertschwankungen. Möchte ich eine Nachsteuerrendite von 6 % pro Jahr erzielen, brauche ich bei abgeltungsteuerpflichtigen Kapitalanlagen ungefähr 8 oder 9 % Vorsteuerrendite pro Jahr.

Mit Gold und Silber entspricht meine Nachsteuerrendite der Vorsteuerrendite – modellhaft betrachtet gehe ich also ein geringeres Anlagerisiko ein, um eine bestimmte Renditeerwartung zu erzielen.

Ich möchte weder bis 71 arbeiten, noch mehr als nötig fürs Alter jeden Monat zur Seite legen und ein risikofreudiger Anleger bin ich auch nicht – ein wesentlicher Grund, warum mein privates Vermögen zu rund 80 % in Edelmetalle investiert ist, damit steuerfreie Wertzuwächse erzielt, ich ruhig schlafen und von mir als grauhaarigen aber glücklichen Rentner träumen kann.

# 3 Gold

Gold ist im wahrsten Sinne des Wortes »die Mutter aller Edelmetalle«. Spricht jemand von Edelmetallen, so denken die meisten automatisch an Gold. Das ist auch nicht verwunderlich. Die Menschen sind schon seit Jahrtausenden von dem edlen Glanz und der unfassbar hohen Dichte dieses seltenen Metalls begeistert. Würde man aus dem uns bekannten existierenden Gold der Erde einen Würfel formen, so hätte dieser gerade einmal eine Kantenlänge von 22 Metern. Die Seltenheit ist also nicht nur gefühlt, sondern echt.

**Verfügbare Menge an Gold**

**Verfügbares Gold:** 

Würfel mit ca. 22 m Kantenlänge

## 3.1 Die Besonderheiten von Gold

Das verfügbare Gold wird zu circa 80 % zu Anlagezwecken genutzt. Der Rest entfällt auf Schmuck und die industrielle Nutzung. Im Umkehrschluss bedeutet dies schlichtweg, dass die wirtschaftliche Entwicklung und die daraus resultierende Nachfrage für industrielle Nutzung für den Goldpreis kaum Relevanz besitzt. Entscheidend ist hier die Nachfrage aus dem Bereich der Geldanlage, die vor allem aus dem Krisen- und Inflationsschutz heraus resultiert.

**Anteil des angelegten Kapitals in physische Edelmetalle**

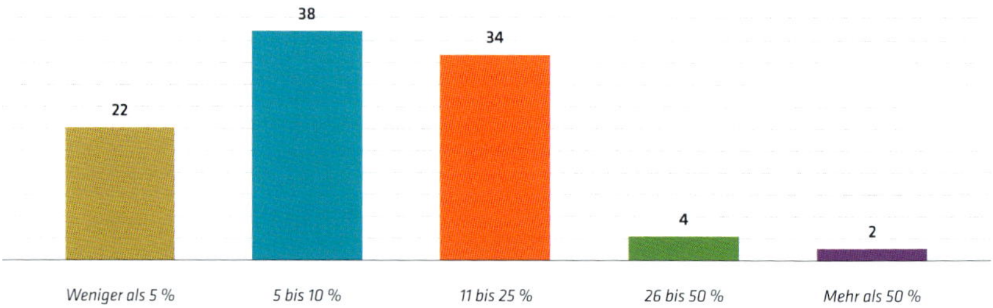


**Quelle: Bafin, 12/2020**

Angaben in Prozent

*Mehr als jeder dritte Anleger investiert mehr als 10 % seines Vermögens in Edelmetalle.*

Im vergangenen Jahr gab es in Deutschland knapp 4,5 Millionen Besitzer von Gold in physischer Form und ETFs. Somit streben immerhin fast 5 % der Bevölkerung ein langfristiges Investment an. Das Erfreuliche daran ist aber sicherlich nicht der aktuelle Stand, sondern die Entwicklung, denn hier zeichnet sich eine klare Tendenz nach oben ab. Der Großteil der Anleger wird sich sicherlich durch die Niedrigzinspolitik und eine erhöhte Unsicherheit zum Edelmetallkauf gezwungen fühlen. Völlig unabhängig von diesen Entwicklungen ist es aber durchaus sinnvoll, in Edelmetalle zu investieren.

## Goldreserven der Europäischen Zentralbank (EZB) in Millionen US-Dollar

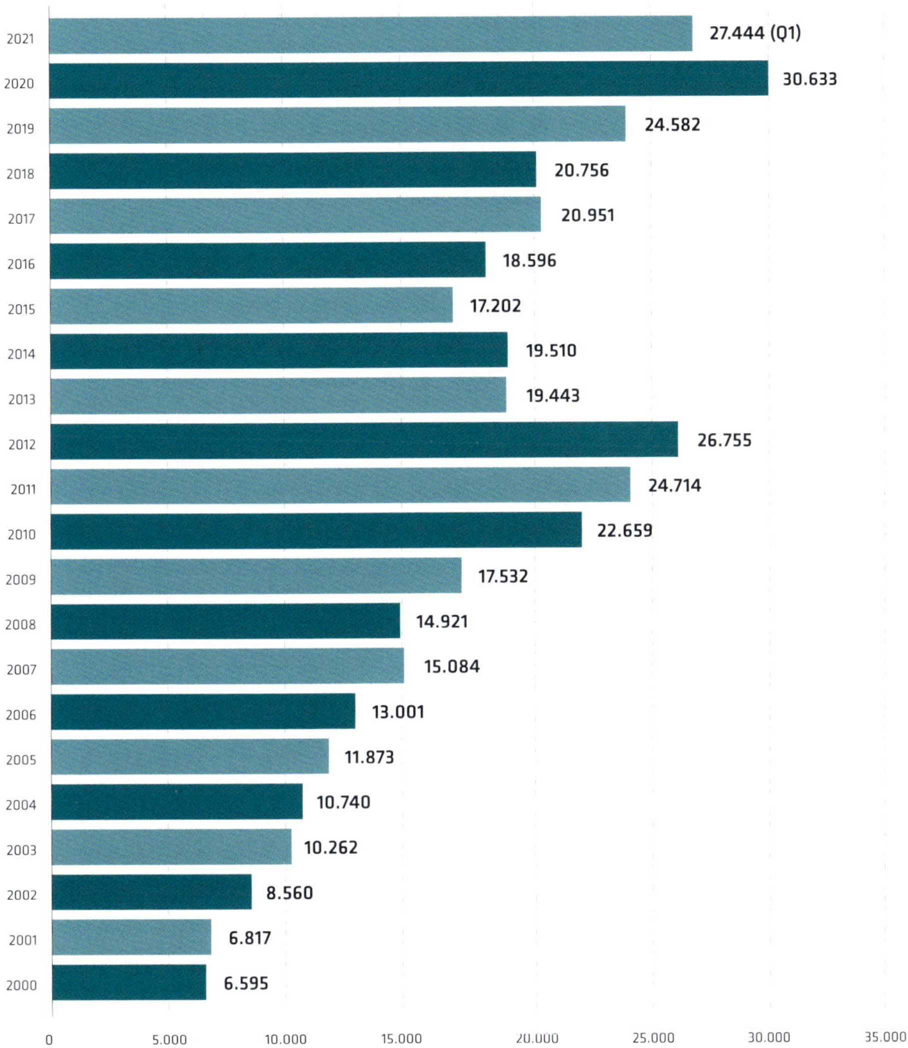


*EZB Goldreserven in Millionen US-Dollar*

## Chinesische Goldreserven in Millionen US-Dollar

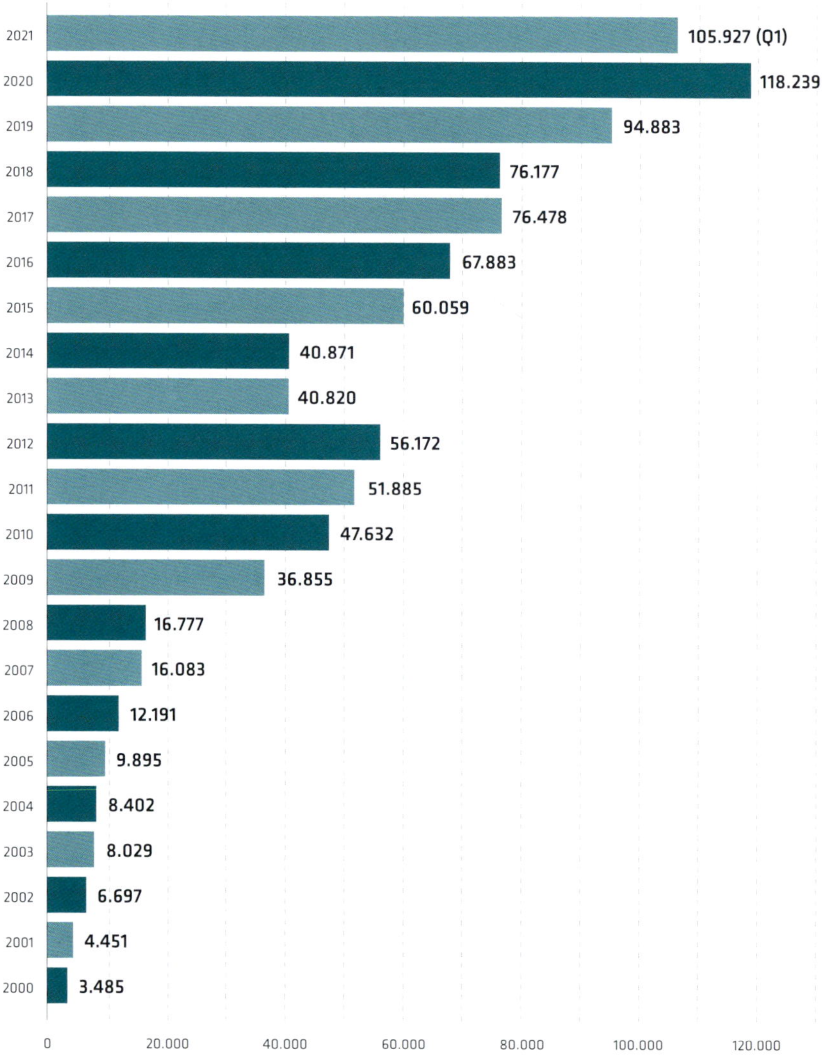


*Chinas Goldreserven in Millionen US-Dollar*

Doch nicht nur Privatanleger kaufen Gold. Auch die größten und wichtigsten Finanzinstitutionen der Welt nutzen Gold als Krisenvorsorge und Währungsabsicherung, auch ohne die Existenz eines Goldstandards. Wie sich aus der vorherigen Abbildung entnehmen lässt, stockt die Europäische Zentralbank die eigenen Goldreserven zunehmend auf. Diese verwendet die Notenbank gezielt, um im Krisenfall durch den Verkauf von Gold gegen Euro den Wert des Euros zu stabilisieren. Erwarten die europäischen Währungshüter etwa den Bedarf einer Stützung des Eurokurses? Diese Frage kann wohl kaum jemand mit Sicherheit beantworten. Fakt ist jedenfalls, dass die Goldreserven erhöht werden, und das ist kein rein europäisches Phänomen.

Auch die große, aufstrebende Wirtschaftsmacht China stockt regelmäßig ihre physischen Goldreserven auf. In allen anderen großen Industrienationen sieht die Lage nicht anders aus. Innerhalb der Finanzbranche wird immer wieder gekungelt, dass genau deshalb von den Institutionen der Preis künstlich niedrig gehalten wird, sodass sie ihre eigenen Reserven zu günstigeren Preisen aufstocken können. Ob und inwieweit dies der Wahrheit entspricht, kann und möchte ich nicht beurteilen. Es ist besser, sich auf das zu konzentrieren, was man mit Sicherheit sagen kann, um dann die logischen Schlüsse daraus zu ziehen. Und Tatsache ist nun einmal, dass weltweit Staaten und Notenbanken die Goldreserven sukzessive erhöhen und das langfristig einen positiven Effekt auf die Goldpreisentwicklung haben muss.

## 3.2 Steuer

In kaum einem Aspekt unterscheiden sich die Länder dieser Welt so stark wie bei den Steuer- und Abgabegesetzen. Es gibt Staaten mit realen Steuerbelastungen von 50 % oder gar noch höher in West- und Nordeuropa bis hin zu Steueroasen wie Saudi-Arabien, in denen es de facto keinerlei Steuerbelastung gibt. Doch in einem Punkt sind sich alle einig: Physisches Gold muss steuer- und zollfrei sein.

In Deutschland sind bei allen Edelmetallen auch Gewinne im Falle eines positiven Verkaufserlöses nach einer Haltedauer von mindestens einem Jahr steuerfrei (siehe vorangegangenes Kapitel).

FINE
GOLD
999.9

## 3.3 Glanzvolle Preisentwicklung

### Goldpreis pro Feinunze in US-Dollar

*Langfristige Goldpreisentwicklung*

Der Chart zeigt, dass die Entwicklung des Goldpreises auf lange Sicht nur eine Richtung kennt: nach oben, und zwar unabhängig davon, in welcher Währung man den Verlauf des Goldkurses betrachtet.

### Erzielte Wertzuwächse in verschiedenen Anlagezeiträumen

Anhand des Renditedreiecks können Sie ablesen, welchen Wertzuwachs Sie über einen bestimmten Zeitraum mit Gold erzielen konnten. Dabei fällt auf: Je länger der Anlagehorizont (Dreieckspitze unten links), desto höher ist die Wahrscheinlichkeit, eine attraktive, positive Rendite zu erzielen. Lediglich am diagonalen Rand rechts wurden sowohl positive als auch negative Renditen erzielt – dies ist bei kürzeren Anlagehorizonten der Fall:

## Renditedreieck für Gold

**Verkauf Jahr**

| | | | | | | | | | | |
|---|---|---|---|---|---|---|---|---|---|---|
| 2000 | 13,39 | | | | | | | | | |
| 2001 | 14,45 | 0,94 | | | | | | | | |
| 2002 | 28,93 | 13,71 | 12,65 | | | | | | | |
| 2003 | 35,78 | 19,74 | 18,63 | 5,31 | | | | | | |
| 2004 | 32,80 | 17,12 | 16,03 | 3,00 | -2,19 | | | | | |
| 2005 | 30,81 | 15,36 | 14,29 | 1,46 | -3,66 | -1,50 | | | | |
| 2006 | 83,16 | 61,53 | 60,03 | 42,06 | 34,90 | 37,92 | 40,02 | | | |
| 2007 | 96,02 | 72,87 | 71,26 | 52,03 | 44,36 | 47,60 | 49,85 | 7,02 | | |
| 2008 | 144,14 | 115,30 | 113,30 | 89,35 | 79,80 | 83,83 | 86,63 | 33,29 | 24,55 | |
| 2009 | 161,59 | 130,70 | 128,55 | 102,89 | 92,66 | 96,98 | 99,98 | 42,82 | 33,45 | 7,15 |
| 2010 | 216,85 | 179,43 | 176,84 | 145,75 | 133,36 | 138,59 | 142,22 | 72,99 | 61,65 | 29,78 |
| 2011 | 311,88 | 263,24 | 259,87 | 219,45 | 203,35 | 210,14 | 214,87 | 124,87 | 110,13 | 68,71 |
| 2012 | 418,34 | 357,12 | 352,88 | 302,02 | 281,75 | 290,31 | 296,25 | 182,99 | 164,44 | 112,32 |
| 2013 | 408,58 | 348,52 | 344,35 | 294,45 | 274,57 | 282,96 | 288,80 | 177,67 | 159,46 | 108,32 |
| 2014 | 269,01 | 225,43 | 222,41 | 186,20 | 171,77 | 177,86 | 182,10 | 101,47 | 88,25 | 51,15 |
| 2015 | 334,87 | 283,52 | 279,95 | 237,28 | 220,28 | 227,46 | 232,45 | 137,42 | 121,85 | 78,13 |
| 2016 | 307,69 | 259,55 | 256,21 | 216,20 | 200,26 | 206,99 | 211,67 | 122,58 | 107,99 | 66,99 |
| 2017 | 353,89 | 300,29 | 296,57 | 252,03 | 234,28 | 241,78 | 246,98 | 147,81 | 131,56 | 85,92 |
| 2018 | 341,66 | 289,50 | 285,88 | 242,55 | 225,28 | 232,57 | 237,63 | 141,13 | 125,32 | 80,91 |
| 2019 | 357,32 | 303,31 | 299,56 | 254,69 | 236,81 | 244,36 | 249,60 | 149,68 | 133,31 | 87,32 |
| 2020 | 468,60 | 401,45 | 396,79 | 341,00 | 318,77 | 328,15 | 334,67 | 210,43 | 190,08 | 132,90 |
| 2021 | 535,09 | 460,09 | 454,88 | 392,57 | 367,74 | 378,22 | 385,51 | 246,74 | 224,00 | 160,14 |
| | 1999 | 2000 | 2001 | 2002 | 2003 | 2004 | 2005 | 2006 | 2007 | 2008 |

*Das Renditedreieck für Gold*

**Kauf Jahr**

### So lesen Sie das Gold-Renditedreieck richtig

Wer beispielsweise Anfang 2006 Gold kaufte und bis Ende 2008 hielt, erzielte in diesem Zeitraum eine Rendite von insgesamt 33,29 Prozent.

| | | | | | | | | | | | |
|---|---|---|---|---|---|---|---|---|---|---|---|
| 21,12 | | | | | | | | | | | |
| 57,45 | 29,99 | | | | | | | | | | |
| 98,15 | 63,59 | 25,85 | | | | | | | | | |
| 94,42 | 60,51 | 23,48 | -1,88 | | | | | | | | |
| 41,06 | 16,46 | -10,41 | -28,81 | -27,44 | | | | | | | |
| 66,24 | 37,25 | 5,58 | -16,10 | -14,49 | 17,85 | | | | | | |
| 55,85 | 28,67 | -1,02 | -21,35 | -19,84 | 10,48 | -6,25 | | | | | |
| 73,51 | 43,25 | 10,20 | -12,43 | -10,75 | 23,00 | 4,37 | 11,33 | | | | |
| 68,83 | 39,39 | 7,23 | -14,79 | -13,16 | 19,69 | 1,56 | 8,33 | -2,69 | | | |
| 74,82 | 44,33 | 11,03 | -11,77 | -10,08 | 23,93 | 5,16 | 12,17 | 0,76 | 3,55 | | |
| 117,36 | 79,45 | 38,05 | 9,70 | 11,80 | 54,09 | 30,75 | 39,47 | 25,27 | 28,74 | 24,33 | |
| 142,78 | 100,44 | 54,19 | 22,52 | 24,87 | 72,11 | 46,04 | 55,78 | 39,92 | 43,80 | 38,87 | 11,69 |
| 2009 | 2010 | 2011 | 2012 | 2013 | 2014 | 2015 | 2016 | 2017 | 2018 | 2019 | 2020 |

Der Goldpreis (siehe Kapitel über die allgemeinen Vorteile von Edelmetallen) wird vor allem durch die begrenzte Menge und die steigenden Förderungskosten nach oben getrieben.

Betrachtet man den Goldpreiskurs jedoch über kurzfristigere Zeiträume, so gibt es weitere Faktoren, die diesen beeinflussen. Der bekannteste dürfte der Krisenschutz sein. Gibt es irgendwo auf der Welt einen größeren Krisenherd, egal ob wirtschaftlicher, politischer oder humanitärer Art, so ist ein Anstieg im Goldkurs zu erkennen. Wenn eine solche Krise überstanden ist (manchmal auch schon kurz vorher), sinkt der Goldpreis in der Regel wieder. Des Weiteren sorgen auch gewöhnliche, wirtschaftliche Rezessionen für steigende Goldpreise. Größere Wirtschaftsaufschwünge und Booms sorgen hingegen für sinkende Goldpreise.

Schlussendlich ist der US-Dollar der wichtigste aller Faktoren. Gold wird, wie jeder andere Rohstoff auch, in US-Dollar gehandelt. In der Folge geht ein schwächer werdender Dollar automatisch mit einem steigenden Goldpreis einher (umgekehrt gilt das natürlich gleichermaßen).

Die industrielle Nachfrage nach Gold hat kaum Einfluss auf die Preisentwicklung, da diese ohnehin ein sehr niedriges Niveau hat.

Grundsätzlich sollten Anleger bezüglich des Preises von Edelmetallen über die Unterschiede zwischen dem physischen Preis und dem Papiergoldpreis im Bilde sein. Langfristig entwickeln sich beide Preise erfahrungsgemäß nahezu identisch. Kurzfristig kann es allerdings immer wieder zu starken Abweichungen kommen, die vor allem in extremen Marktphasen auftreten. Das beste Beispiel hierfür ist die Corona-Krise im Jahr 2020. Der an der Börse gehandelte Preis für Gold ging um deutlich mehr als 10 % nach unten. In einem allgemeinen Börsencrash brechen zu Beginn immer alle Anlageklassen ein – egal ob Aktien, Anleihen, Immobilien oder Edelmetalle. In diesen extremen Phasen wird von Anlegern, allen voran von institutionellen, einfach alles verkauft. Oftmals hängt das mit regulatorischen Auflagen zusammen, an die sich Versicherungen und Banken halten müssen.

Heraeus
FEINGOLD
999,9
HERAEUS EDELMETALLE GMBH
HANAU
100g
250g
01935
01896
01902
01904
01914
01889
01893
01913
A 01242
A 01794
A 01238
A 01796
A 01239

Der Preis für physisches Gold und Silber ging im Gegensatz zum Papiergoldpreis nicht zurück, sondern stieg sogar an. So erwartet man es schließlich auch von einem Gut, das oftmals mit dem Adjektiv »krisensicher« in Verbindung gebracht wird. Der große Preisunterschied kam aus dem ganz einfachen Grund zustande, dass am physischen Markt ein völlig anderes Verhältnis von Angebot und Nachfrage herrschte. Es gab sogar einen deutlichen Nachfrageüberhang, sodass die Händler teilweise die Onlineshops schließen mussten, weil sie keine Ware mehr hatten. Aus diesem Zusammenhang kann der Privatanleger lernen, dass es wichtig ist, sich bereits vor einer Krise mit der Versicherung in Form von Gold zu versorgen. Denn dann, wenn man es braucht und die Preise nach oben schießen, kann es oftmals schwierig sein, überhaupt welches zu bekommen.

Hier ist genau das eingetreten, was man in der Regel auch als erstes vermutet: In einer Krise flüchten die Anleger extrem schnell in den sicheren Hafen namens Gold, genauer: physisches Gold.

Diese Preisdifferenzen zwischen dem physischen Preis und dem Papiergoldpreis gleichen sich aber in aller Regel bereits nach wenigen Wochen wieder aus und es handelt sich lediglich um eine kurzfristige und rein markttechnische Reaktion.

Der innere Wert von Gold, also nicht der Preis in irgendeiner staatlichen Währung gerechnet, sondern der tatsächliche Gegenwert an Waren und Dienstleistungen, konnte in der Vergangenheit eine unglaublich hohe Stabilität aufweisen. Abgesehen von ein paar kurz- bis mittelfristigen Schwankungen konnte man sich – egal ob 1810, 1950 oder 2019 – für eine Feinunze Gold einen maßgeschneiderten Anzug kaufen. Ein weiteres Beispiel für die Autofans unter den Lesern: Für ein Kilo Gold bekommt man im Regelfall zu jeder Zeit ein gut ausgestattetes Neufahrzeug der Mittelklasse. Bei diesem Vergleich gehen natürlich die historischen Daten nicht so weit zurück wie beim maßgeschneiderten Anzug.

31 v. Christus
**Preis für eine Tunika:**
0,5 – 1 Goldunze
(50 – 100 Dinar)
(Quelle: www.germanen-und-roemer.de)

1908
**Ford Modell T:**
42,5 Goldunzen
(825 $)
(Quelle: www.autobild.de)

1950
**Oktoberfest 95 x Maß Bier**
1 Goldunze
(1,60 DM/Maß)
(Quelle: www.was-war-wann.de)

2019
**Preis für einen Maßanzug:**
0,5 – 1 Goldunze
(600 € – 1200 €)

2019
**3er BMW GT:**
41 Goldunzen
(ca. 52.000 $)

2019
**Oktoberfest 113 x Maß Bier**
1 Goldunze
(11,80 €/Maß)

*Eindrucksvolle Beispiele für den Kaufkrafterhalt von Gold*

Das heißt also: Für uns als Privatanleger eignet sich die Anlage in Gold vor allem zur Wertspeicherung und -sicherung, und das durch jede Krise und jeden Boom hindurch.

Zugegeben: Diese drei Beispiele sind sehr plakativ, aber sie belegen die Werterhaltungsfunktion ganz exzellent.

Erläutern wir Gold als Krisenakteur etwas genauer: Je verheerender die Krise ist, desto mehr profitiert der Wert des Goldes davon. Der Goldwert bleibt nun immer konstant. Was passiert aber in einer tiefen Rezession oder gar Depression mit dem Wert von sämtlichen Gütern und Dienstleistungen? Genau: Sie verlieren an Wert. Dieser Wertverlust kann ein exorbitantes Ausmaß annehmen. In der Phase kurz nach dem Zweiten Weltkrieg zum Beispiel konnte man sich für 1,5 Unzen Gold ein Einfamilienhaus kaufen. Im Jahr 2021 bräuchte man dafür rund 200 Feinunzen. Das liegt nicht etwa daran, dass Gold in der direkten Nachkriegszeit ein Vielfaches an Wert dazugewann. Es besaß denselben Wert wie heute und wohl auch morgen. Allerdings waren Immobilien sowie nahezu alle anderen Güter in dieser schwierigen Zeit nur noch sehr wenig wert.

# 4 Silber

Silber wird im Volksmund immer wieder als »Gold des kleinen Mannes« bezeichnet. Das kommt wohl daher, dass der Preis für Silber bedeutend niedriger und die verfügbare Menge größer ist. Viele Einsteiger im Bereich der Edelmetalle beginnen damit, sich zuerst einmal ein paar Silbermünzen zu kaufen. Diese eignen sich definitiv äußerst gut als Einstieg. Schließlich bekommt man aktuell für etwa 25 € schon eine Feinunze Silber.

CANADA
ELIZABETH II AUSTRALIA
5 DOLLARS
2 OZ 999 SILVER
IN GOD WE TRUST
1996
ARGOR
HERAEUS SA
Switzerland
1 KILO
Fine Silver

## 4.1 Die Besonderheiten von Silber

Im Vergleich zu Gold wird Silber weitaus weniger als reines Objekt der Geldanlage genutzt. Es handelt sich hier um den kleineren Teil von rund einem Drittel. Der Löwenanteil des Silbervorkommens wird für Schmuck und industrielle Zwecke nachgefragt. Entscheidend hierbei ist vor allem die Frage, in welchen industriellen Bereichen Silber eingesetzt wird.

### Silbernachfrage für gedruckte und flexible Elektronik

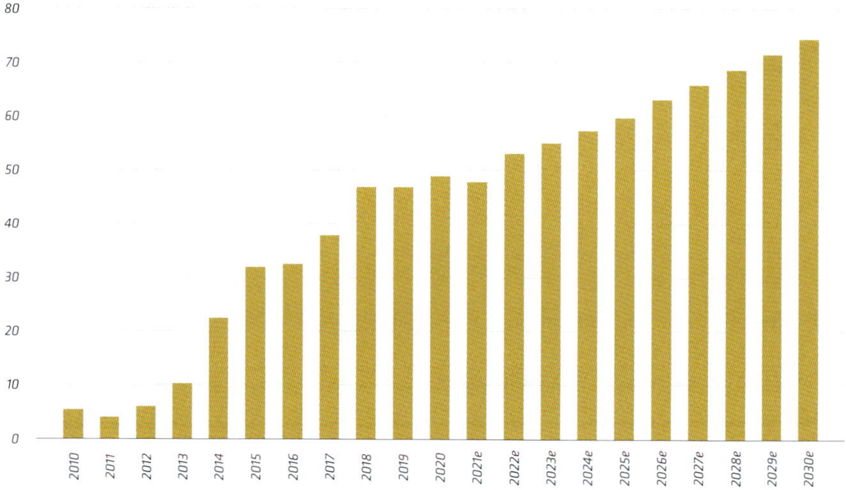


**Quelle: The Silver Institute | Silver News June 2021**

*Gedruckte und flexible Elektronik ist für die Entwicklung neuer Technologien von entscheidender Bedeutung.*

Die Abbildung zur Nachfrage nach Silber für gedruckte und flexible Elektronik, wie z. B. biegsame Smartphonedisplays, zeigt es uns eindeutig: Silber ist ein Edelmetall, das sich definitiv an einem höheren industriellen Bedarf in den nächsten Jahren erfreuen darf. Insbesondere für die weltweit stark wachsenden erneuerbaren Energien ist Silber ein essenzieller und viel genutzter Rohstoff.

## 4.2 Steuer

Leider ist Silber in Deutschland nicht mehrwertsteuerfrei zu erwerben (im Gegensatz zu Gold, wie wir bereits gelernt haben). Dennoch kann man festhalten, dass Silber dank der Differenzbesteuerung im Einkauf steuerlich als attraktiv anzusehen ist. Mehr dazu später.

## 4.3 Preisentwicklung

**Silberpreis pro Feinunze in US-Dollar**

*Silberpreisentwicklung*

Der Chart der Silberpreisentwicklung zeigt ebenso wie der des Goldes langfristig eindeutig nach oben. Allerdings gibt es beim Silber deutlich größere Kursauschläge als beim Gold. Daher gilt das volatile Silber nicht zu Unrecht als riskanter und zugleich auch chancenreicher als sein großer Bruder, das Gold.

## Renditedreieck für Silber

**Verkauf Jahr**

| | 1999 | 2000 | 2001 | 2002 | 2003 | 2004 | 2005 | 2006 | 2007 | 2008 | 2009 |
|---|---|---|---|---|---|---|---|---|---|---|---|
| 2000 | 15,35 | | | | | | | | | | |
| 2001 | 12,19 | -2,74 | | | | | | | | | |
| 2002 | 15,12 | -0,20 | 2,62 | | | | | | | | |
| 2003 | 2,26 | -11,35 | -8,85 | -11,18 | | | | | | | |
| 2004 | 13,09 | -1,96 | 0,80 | -1,76 | 10,60 | | | | | | |
| 2005 | 13,77 | -1,37 | 1,41 | -1,18 | 11,26 | 0,60 | | | | | |
| 2006 | 70,43 | 47,75 | 51,91 | 48,04 | 66,67 | 50,70 | 49,80 | | | | |
| 2007 | 123,02 | 93,35 | 98,79 | 93,73 | 118,10 | 97,21 | 96,03 | 30,86 | | | |
| 2008 | 144,92 | 112,33 | 118,31 | 112,75 | 139,51 | 116,57 | 115,28 | 43,71 | 9,82 | | |
| 2009 | 92,33 | 66,73 | 71,43 | 67,06 | 88,08 | 70,06 | 69,05 | 12,85 | -13,77 | -21,47 | |
| 2010 | 181,26 | 143,84 | 150,70 | 144,31 | 175,06 | 148,70 | 147,22 | 65,03 | 26,11 | 14,84 | 46,24 |
| 2011 | 380,36 | 316,44 | 328,17 | 317,25 | 369,76 | 324,75 | 322,22 | 181,85 | 115,38 | 96,13 | 149,77 |
| 2012 | 437,92 | 366,34 | 379,48 | 367,25 | 426,05 | 375,65 | 372,82 | 215,63 | 141,19 | 119,63 | 179,69 |
| 2013 | 428,44 | 358,12 | 371,03 | 359,02 | 416,78 | 367,27 | 364,48 | 210,07 | 136,94 | 115,76 | 174,77 |
| 2014 | 230,02 | 186,11 | 194,16 | 186,67 | 222,74 | 191,82 | 190,08 | 93,64 | 47,98 | 34,75 | 71,60 |
| 2015 | 232,51 | 188,26 | 196,38 | 188,82 | 225,17 | 194,01 | 192,26 | 95,10 | 49,09 | 35,76 | 72,89 |
| 2016 | 191,20 | 152,45 | 159,56 | 152,94 | 184,77 | 157,49 | 155,95 | 70,86 | 30,57 | 18,89 | 51,41 |
| 2017 | 256,88 | 209,39 | 218,11 | 210,00 | 249,01 | 215,57 | 213,69 | 109,40 | 60,02 | 45,71 | 85,56 |
| 2018 | 217,77 | 175,48 | 183,24 | 176,02 | 210,75 | 180,98 | 179,31 | 86,45 | 42,48 | 29,74 | 65,22 |
| 2019 | 208,17 | 167,16 | 174,69 | 167,69 | 201,37 | 172,50 | 170,87 | 80,82 | 38,18 | 25,82 | 60,23 |
| 2020 | 265,46 | 216,83 | 225,75 | 217,45 | 257,40 | 223,15 | 221,23 | 114,44 | 63,87 | 49,22 | 90,02 |
| 2021 | 400,90 | 334,25 | 346,48 | 335,10 | 389,85 | 342,91 | 340,28 | 193,91 | 124,60 | 104,52 | 160,45 |

**Kauf Jahr**

*Das Renditedreieck für Silber*

## So lesen Sie das Silber-Renditedreieck richtig

Wer beispielsweise Anfang 2006 Silber kaufte und bis Ende 2008 hielt, erzielte in diesem Zeitraum eine Rendite von insgesamt 43,71 Prozent.

| | | | | | | | | | | |
|---|---|---|---|---|---|---|---|---|---|---|
| 70,79 | | | | | | | | | | |
| 91,25 | 11,98 | | | | | | | | | |
| 87,88 | 10,01 | -1,76 | | | | | | | | |
| 17,34 | -31,30 | -38,65 | -37,55 | | | | | | | |
| 18,22 | -30,78 | -38,19 | -37,08 | 0,75 | | | | | | |
| 3,53 | -39,38 | -45,87 | -44,90 | -11,76 | -12,42 | | | | | |
| 26,89 | -25,70 | -33,66 | -32,46 | 8,14 | 7,33 | 22,56 | | | | |
| 12,98 | -33,85 | -40,93 | -39,87 | -3,71 | -4,43 | 9,12 | -10,96 | | | |
| 9,57 | -35,85 | -42,71 | -41,68 | -6,62 | -7,32 | 5,83 | -13,65 | -3,02 | | |
| 29,94 | -23,92 | -32,06 | -30,84 | 10,74 | 9,91 | 25,50 | 2,40 | 15,01 | 18,59 | |
| 78,09 | 4,28 | -6,88 | -5,21 | 51,78 | 50,64 | 72,02 | 40,35 | 57,63 | 62,54 | 37,06 |
| 2010 | 2011 | 2012 | 2013 | 2014 | 2015 | 2016 | 2017 | 2018 | 2019 | 2020 |

Da die Nachfrage nach Silber im Vergleich zu Gold deutlich abhängiger vom industriellen Bedarf ist, weist der Silberpreis eine gewisse Konjunkturabhängigkeit auf. Wird von einer sinkenden Wirtschaftsleistung ausgegangen, so fällt der Silberpreis infolgedessen kurzfristig. Dasselbe gilt natürlich auch andersherum. Schließlich können die Produzenten nicht von heute auf morgen die Menge des geförderten Silbers anpassen. Zudem kommt für eine Regulierung der Produktionsmenge erschwerend hinzu, dass Silber oftmals als Nebenprodukt bei der Förderung von Gold geschürft wird.

Auch gilt bei der Entwicklung des reinen Preises für Silber die Abhängigkeit vom US-Dollar.

Den stärksten Einflussfaktor auf den Silberpreis wies in der Vergangenheit aber vor allem der Goldpreis auf. Der kleine Bruder (Silber) hängt einfach an seinem großen Bruder (Gold).

Kurzfristig gibt es durchaus mal die eine oder andere Schwankung, bei der Gold und Silber in die entgegengesetzte Richtung laufen, beispielsweise bei einem überraschenden und schnellen Konjunkturrückgang. Gold steigt und Silber fällt.

Mittel- und langfristig entwickeln sich die beiden Edelmetalle aber immer sehr ähnlich. Die Erfahrung zeigt, dass sich bei leicht steigenden oder sinkenden Goldpreisen das Silber zumeist etwas langsamer entwickelt.

Bei einem stark steigenden oder einbrechenden Goldpreis zündet beim Silber erfahrungsgemäß der Turbo und es wirkt wie ein Hebel auf Gold. Das lässt sich auch sehr gut an den großen Kursauschlägen im Chart der Silberpreisentwicklung erkennen.

Bei der Preisbildung von Silber sollten Investoren außerdem die sogenannte Gold-Silber-Ratio beachten. Dies beschreibt das Verhältnis des Preises der beiden beliebten Edelmetalle zueinander. Im historischen Mittel belief sich dies auf den Wert von 15. Diese Kennzahl sagt aus, dass beim Kauf einer Unze Gold 15 Unzen Silber bezahlt werden müssen. Das Interessante an diesem Zusammenhang ist der aktuelle Wert des Gold-Silber-Ratios. Dieser liegt nämlich deutlich über dem historischen Durchschnitt:

Für Anleger bedeutet dies, dass der Silberpreis, historisch gesehen, gegenüber dem für Gold unverhältnismäßig niedrig ist. Aus diesem Grunde sehen viele Finanzexperten aktuell ein sehr hohes Aufholpotenzial von Silber.

# 5 Lieber Gold oder Silber?

Kaum eine Frage wird öfter gestellt, wenn man sich entschieden hat, in Edelmetalle zu investieren. Meiner Ansicht nach ist das »oder« an dieser Frage falsch – sowohl Gold als auch Silber haben ihre Vorzüge, gewisse Gemeinsamkeiten und unterschiedliche Schwächen. Die Antwort sollte also lauten: »Lieber Gold und Silber«. Die Frage ist vielmehr, welche Aufteilung man zwischen den beiden Edelmetallen vornimmt:

umicore
100g FEINSILBER 999

## 5.1 Gold-Silber-Ratio: Silber historisch günstig bewertet

Schauen wir zunächst darauf, wie Silber im Vergleich zu Gold bewertet ist. Dies wird oftmals durch die Gold-Silber-Ratio ausgedrückt. Vereinfacht: Wie viele Unzen Silber benötige ich, um sie gegen eine Unze Gold eintauschen zu können? Aktuell sind es rund 70 Unzen (Stand: Juni 2021). Wie die Ratio zu dem Zeitpunkt aussieht, zu dem Sie dieses Buch lesen, können Sie jederzeit in unserer SOLIT App nachschauen:

### Die SOLIT App: Die Welt der Edelmetalle in Ihrer Hosentasche

*Blick in die SOLIT App. Mehr Infos unter www.solit-kapital.de/SOLIT-App*

Auf einen Blick finden Sie dort nicht nur die aktuelle Ratio von Gold zu Silber, sondern auch deren Kurse und noch viel mehr. Außerdem können Sie sich dazu verschiedene Charts anzeigen lassen.

Hier sehen Sie bereits in Ansätzen, dass die Ratio auf einem außerordentlich hohen Niveau ist, was bedeutet, dass Silber zu Gold stark unterbewertet ist.

Meine Empfehlung: Installieren Sie sich kostenfrei die SOLIT App auf Ihrem iPhone oder Android-Gerät.

Es gibt noch viele weitere Funktionen:

- → Aktuelle Marktnews sowie Kursanalysen
- → Kauf von Barren und Münzen mit Versand nach Hause
- → Steueroptimierter Kauf: Zoll- oder mehrwertsteuerfrei
- → Verwahrung von Edelmetallbeständen in Deutschland oder an internationalen Standorten
- → Verwaltung Ihrer über die App gekauften Edelmetallbestände

Wenn Sie sich nach der Installation der App registrieren und den Registriercode **GOLDBUCH** angeben, erhalten Sie regelmäßig exklusive Vorteilsangebote bei Nutzung der App.

Wussten Sie, dass Silber in der Natur circa fünfzehnmal häufiger vorkommt als Gold? Das hat zur Folge, dass Silber über viele Jahrhunderte 15:1 gegen Gold eingetauscht wurde (siehe nächstes Schaubild). Im Vergleich zum jetzigen Tauschverhältnis würde sich also für Silber ein circa fünfmal so großes Kurssteigerungspotenzial gegenüber Gold ergeben.

*Goldvorkommen in der Erdkruste*

## Gold-Silber-Ratio von ca. 1700 bis heute

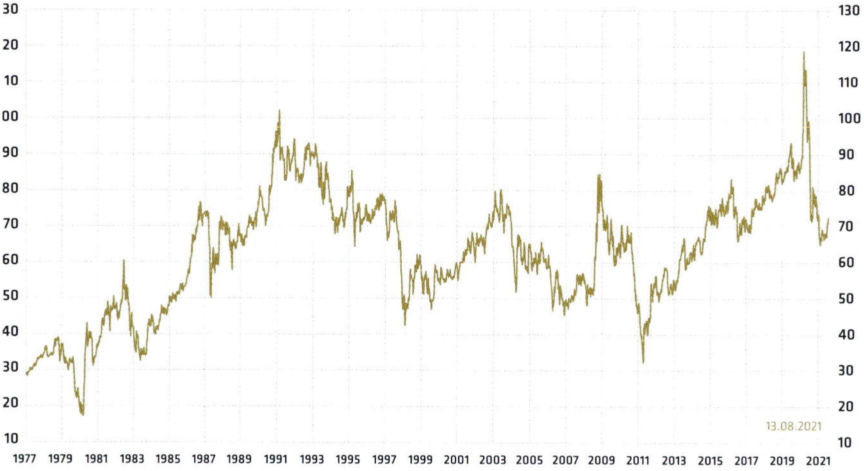


*Gold-Silber-Ratio im langfristigen Verlauf*

Im 20. Jahrhundert erhöhte sich die Ratio auf 35 Unzen Silber für eine Unze Gold. Wenn sich dieses Tauschverhältnis wieder einstellen würde, hätte Silber immerhin ein zweimal so großes Kurssteigerungspotenzial.

Eine außergewöhnliche Anlagechance. Insbesondere dann, wenn man dabei berücksichtigt, dass Silber zumeist oberirdischer gefunden wird als Gold. Egal welche Rohstoffe man aus der Erde holen möchte, meist kommt man zunächst an Silber »vorbei«, sodass Silber in der Vergangenheit oft als »Beifang« bei der Exploration mitgefördert wurde. Die Silbervorkommen in der Erde sind also überproportional erschöpft bzw. erschlossen.

Ein großer Unterschied zwischen Gold und Silber besteht darin, dass Silber aufgrund seiner exzellenten und einmaligen Eigenschaften sehr viel stärker industriell verwendet bzw. verbaut wird. Dies ist zum Beispiel in der Medizintechnik und in Kühlschränken aufgrund der antibakteriellen Wirkung von Silber der Fall. Durch die hohe Leitfähigkeit von Silber findet man es jedoch auch in diverser Elektronik wieder.

- ✓ **Höchste elektrische Leitfähigkeit aller Elemente**
- ✓ **Beste Lichtreflektion aller Elemente**
- ✓ **Höchste thermische Leitfähigkeit aller Metalle**

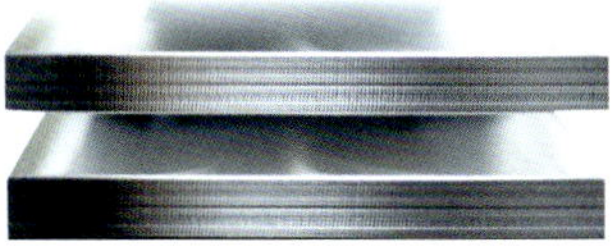

*Silber ist äußerst vielseitig!*

**Verwendung (nach Bedeutung absteigend)**

1. Elektronischer Leiter
2. Beschichtungen (Spiegel, Solaranlagen, Fenster)
3. Fotoindustrie
4. Schmuckindustrie
5. Silberware
6. Münzen und Barren
7. Medizin (antiseptisch)
8. Kosmetik

Das hat zur Folge, dass ein sehr großer Teil des weltweit verfügbaren Silbers auf den Müllhalden dieser Welt liegt – in Summe Unmengen an Tonnen Silber –, je Gegenstand aber oftmals zu wenig, um es wirtschaftlich zu recyceln.

So gesehen ist Silber also knapper verfügbar als Gold, was im starken Missverhältnis zur Gold-Silber-Ratio steht, wonach Silber deutlich günstiger bewertet ist als Gold.

Meine persönliche Prognose: Silber wird überproportional zu Gold an Wert zulegen und mindestens auf den Durchschnitt dieses Jahrtausends (60:1), sehr wahrscheinlich auf den langfristigen Durchschnitt der letzten rund 100 Jahre (35:1) und vielleicht sogar auf das Tauschverhältnis von 15:1 ansteigen.

Wann? Der Silberpreis wird dann überproportional zulegen, wenn der Goldpreis weiter gestiegen ist, manche mögen diesen infolgedessen als subjektiv teuer empfinden und nach unterbewerteten Alternativen suchen. In fünf der letzten sechs Bullenmärkte ist der Silberpreis stärker gestiegen als der von Gold:

Generell befinden wir uns voraussichtlich erst in einem recht frühen Stadium des 2015 begonnenen Bullenmarktes von Gold und Silber, wie man diesen beiden Schaubildern entnehmen kann. Das Wertsteigerungspotenzial ist noch enorm:

## Gold-Bullenmärkte

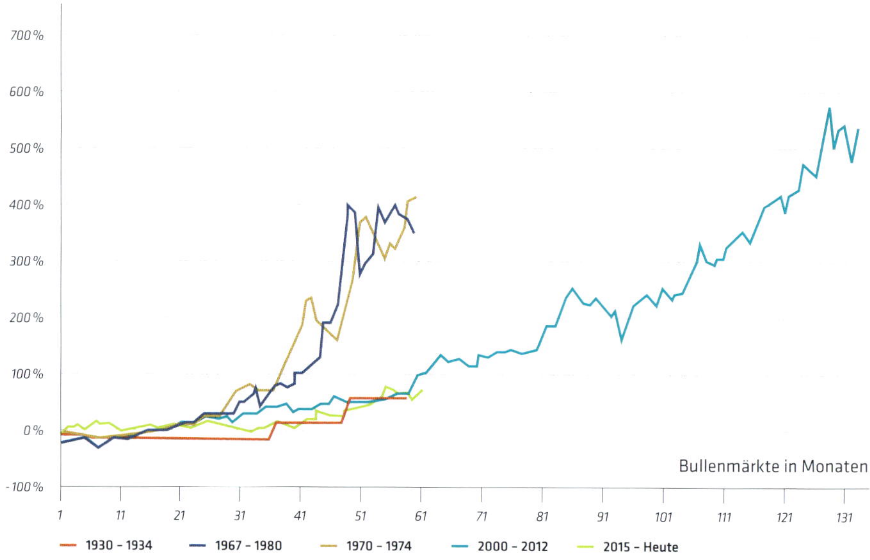


*Gold steht erst am Anfang des aktuellen Bullenmarktes.*

**Quelle: https://www.friedrich-partner.de**

Da der Silbermarkt wesentlich kleiner ist als der Goldmarkt, unterliegt Silber einer höheren Wertschwankung.

## Silber-Bullenmärkte

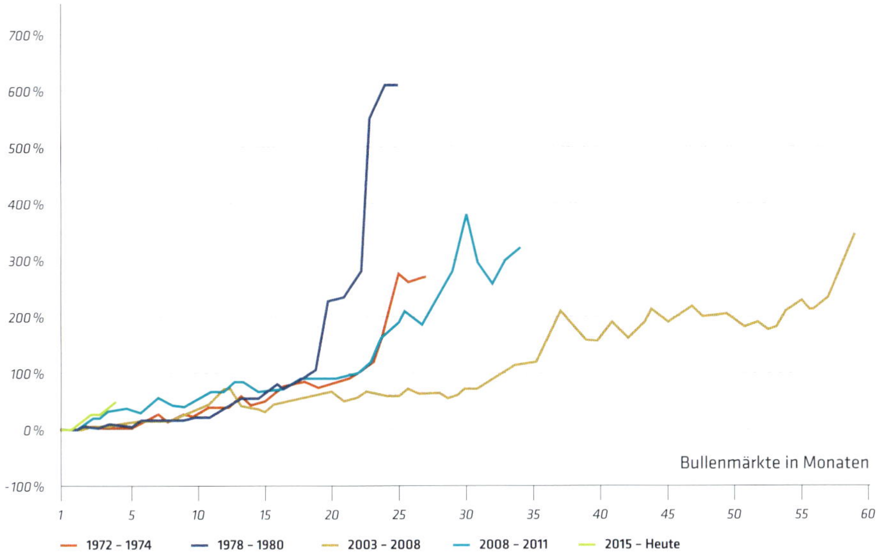


*Silber steht erst am Anfang des aktuellen Bullenmarktes.*

**Quelle: https://www.friedrich-partner.de**

*Beispielhafte Aufteilung zwischen Gold und Silber*

Ich empfehle Ihnen daher in Abhängigkeit Ihrer Risikoneigung sowohl in Gold als auch in Silber zu investieren. Konservative Anleger gewichten Gold über, risikoorientierte Anleger Silber. Ich persönlich habe – in Euro ausgedrückt – circa 60 % in Silber und 40 % in Gold investiert.

### Weiterführende Informationen

Mehr Infos über die Gold-Silber-Ratio erfahren Sie unter:

**www.goldsilbershop.de/gold-silber-ratio.html**

## 5.2 Silberinvestoren benötigen Platz

Einer der größten Nachteile von Silber ist, dass Silber im Vergleich zu Gold, insbesondere bei der aktuellen Gold-Silber-Ratio, verhältnismäßig viel Platz zur Aufbewahrung benötigt:

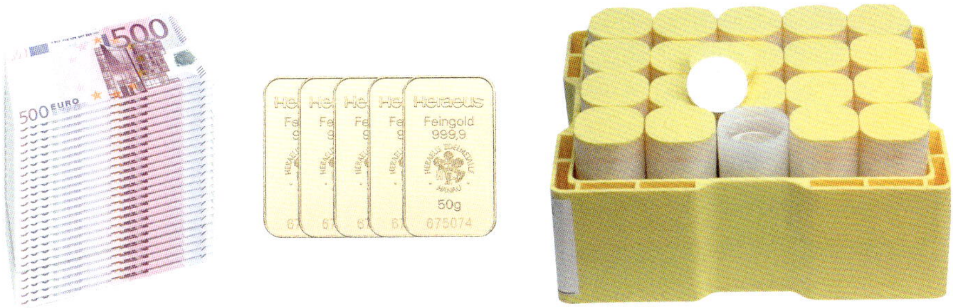


*So viel Gold oder Silber bekommt man für 12.500 €.*

Für 12.500 € bekommen Sie fünf 50 g-Goldbarren, die Sie bequem in die Hosentasche stecken oder in dieser praktischen, aber im Vergleich unhandlichen *Masterbox* für 500 Silberunzen und einem Gesamtgewicht von circa 16 kg verstauen können. Die zieht Ihnen wortwörtlich die Hose aus.

## 5.3 Ein Größenvergleich aus dem Alltag

*Schuhkartonweise Silber aber kaum Gold*

Bei 100.000 € Anlagebetrag sieht das schon anders aus: In Goldbarren ausgedrückt hat es ungefähr die Größe einer Tafel Schokolade. 128 kg Silber entsprechen hingegen von den Dimensionen her circa acht Kinderschuhkartons.

Wer einen größeren Anlagebetrag in Silber investieren möchte, benötigt also ausreichend Platz. Wer diesen nicht hat, kann sein Silber auch in unseren Wertelagern gesichert und versichert verwahren lassen. Weitere Informationen dazu finden Sie im Kapitel zur Verwahrung von Edelmetallen.

## 5.4 Silbermünzen optimal als Krisenvorsorge

Dieser Nachteil ist aber auch gleichzeitig ein Vorteil: Silber eignet sich optimal, um kleinteilig zu investieren und es im Krisenfall gegen benötigte Alltagsdinge eintauschen zu können. So kostet eine 1 kg-Silbermünze circa 850 € und eine Silberunze, also 31,1 g, etwa 25 €.

Für eine halbe Unze zahlen Sie circa 14 € und für eine ¼ Unze nur 7,50 €. Silbermünzen eignen sich also exzellent auch als Krisenvorsorge, wenn Sie morgen Ihr Brot dagegen eintauschen wollen. Wer kleinteilig Edelmetall als Krisenvorsorge besitzen möchte, sollte sich für Silbermünzen entscheiden.

## 5.5 Silber kann anlaufen

Gold hat gegenüber Silber einen Vorteil: Es läuft nicht an, kann also keine Milchflecken bekommen oder schwarz werden.

*Schwarz angelaufene Silbermünzen mit Milchflecken*

Ganz wichtig: Es muss nicht dazu kommen, es kann aber passieren. Je besser das Silber vor äußeren Einflüssen geschützt ist, umso unwahrscheinlicher ist es, dass es nicht anläuft.

Wenn das Silber anläuft, sollte es gereinigt werden. Ansonsten werden Sie bei einem späteren Verkauf weniger Geld erhalten, da wir die Silbermünze in einem schlechteren Zustand nicht mehr an Kunden weiterverkaufen und folglich nur den Schmelzpreis vergüten können (das kann einen Preisunterschied von 5–20 % ausmachen).

Was also tun? Entweder Gold kaufen oder aber ausschließlich Maple Leaf Silbermünzen, da diese mit dem sogenannten *Mint Shield* geschützt sind: eine spezielle Oberflächenbeschichtung, die verhindert, dass die Münzen mit ihrer Umgebung reagieren. So können sich keine Milchflecken bilden.

## 5.6 Gold & Silber sind für Banken Eigenkapital

Da Gold, Silber und Platin im Zuge von *Basel III* in den Rang eines *Tier-1-Assets* gehoben werden, dürfte die Nachfrage vonseiten der Banken in den nächsten Jahren signifikant ansteigen. Unter den Regularien von *Basel III* müssen Banken eine Eigenkapitalquote von 8 % vorhalten und dürfen diese künftig auch in Gold, Silber und Platin halten.

Zur Begründung führt die Bank für Internationalen Zahlungsausgleich an, dass die drei Edelmetalle nicht wie ein Rohstoff behandelt werden sollten, sondern wie eine Währung, da ihre Volatilität mehr der einer Fremdwährung entspräche und Banken Gold, Silber und Platin deshalb in gleicher Weise managen könnten. Gold, Silber und Platin sind also aus Sicht der *Bank für internationalen Zahlungsausgleich (BIZ)* keine Rohstoffe, sondern liquides Eigenkapital – ein Beleg dafür, dass (nicht nur) Gold Geld ist.

Banken profitieren von dieser Regelung gleich doppelt: Sie können sich gegen systemische Risiken mit Edelmetallbeständen in der Bilanz absichern und darüber hinaus das 12,5-Fache des Gegenwertes des Edelmetalls als Kredit verleihen. Je mehr Edelmetall die Banken besitzen, desto weiter können sie ihre Kreditportfolios ausweiten. Das *World Gold Council* geht davon aus, dass die Banken dem Beispiel der Zentralbanken folgen und ihre Edelmetallbestände massiv aufstocken werden.

Hier sind Gold, Silber und Platin im Vorteil, da diese Regelung für zusätzliche Nachfrage sorgt.

## 5.7 Silber bei Goldverbot im Vorteil?

Der eine oder andere befürchtet, dass es in nicht allzu ferner Zukunft erneut zu einem Goldbesitzverbot kommen könnte. Dieser Gedanke geht oftmals mit der Frage einher, ob Silber im Vorteil ist.

Ich möchte an dieser Stelle nicht auf diese Spekulationen eines eventuell kommenden oder nicht kommenden Gold- oder Silberverbots eingehen, sondern überlasse es Ihnen, eine Eintrittswahrscheinlichkeit einzuschätzen.

Was ich Ihnen aber mitgeben kann:

- → In der Vergangenheit gab es primär Goldbesitzverbote, aber auch solche für Silber. Beiden Verboten kann im historischen Kontext gesehen also eine gewisse Eintrittswahrscheinlichkeit zugeordnet werden.
- → Silber hat im Gegensatz zu Gold eine deutlich stärkere Verbreitung in unserem Alltag: Verbaut in Kühlschränken, Smartphones, Autos etc. – es wäre wesentlich schwieriger, Silber aus unserem Alltag zu verbannen.
- → Allerdings – wenn Sie sich einem eventuellen Verbot widersetzen möchten – hat Silber den Nachteil, dass Sie aufgrund der geringeren Wertdichte mehr Platz zum Verstecken benötigen.

## 5.8 Spread von Gold und Silber im Vergleich

| Produkt | 1 kg Fiji Islands Münzbarren | 1 kg Koala Münze | 1 oz Maple Leaf | 1 g Goldbarren | 1 oz Goldbarren | 100 g Goldbarren |
|---|---|---|---|---|---|---|
| Verkaufspreis | 785 € | 800 € | 25 € | 57 € | 1.510 € | 4.850 € |
| Preis pro Gramm | 0,79 € | 0,80 € | 0,80 € | 57 € | 48,55 € | 48,50 € |
| Ankaufspreis | 740 € | 750 € | 23 € | 50 € | 1.470 € | 4.750 € |
| Preis pro Gramm | 0,74 € | 0,75 € | 0,74 € | 50,00 € | 47,27 € | 47,50 € |
| Spread* | -6 % | -6 % | -8 % | -12 % | -3 % | -2 % |

* = Differenz zwischen Verkaufs- und Ankaufspreis

Stand: 10.08.2021

*An- und Verkaufspreise ausgewählter Barren und Münzen*

Im oberen Schaubild sind die An- und Verkaufspreise der meistgekauften Gold- und Silberbarren bzw. -münzen dargestellt. Die Differenz zwischen beiden Preisen wird Spread genannt. Es fällt auf, dass es bei kleinen Stückelungen, hier in dem Beispiel einer 1 Unze Silber Maple Leaf versus einem 1 g-Goldbarren, einen geringeren Spread gibt.

Er ist ähnlich hoch wie bei einem 1 kg-Münzbarren. Handelt es sich um eine größere Goldmünze oder Goldbarren, kann deren Spread geringer sein – allerdings hält sich der prozentuale Unterschied in Grenzen.

Ob hinsichtlich des Spreads Gold oder Silber im Vorteil ist, hängt also stark davon ab, was genau Sie kaufen. Darauf gehen wir in den nächsten Kapiteln noch genauer ein.

RALIAN KANGAROO
014 1/2oz 9999 GOLD

## 5.9 Welche Vorteile haben Gold und Silber gemeinsam?

Sowohl Gold als auch Silber haben nicht nur über einen längeren Anlagehorizont, sondern über Generationen bzw. Jahrhunderte hinweg bewiesen, dass sie wertbewahrend sind.

Der Wertzuwachs kann nach einem Jahr Haltedauer – im Gegensatz zu anderen Anlageformen – komplett steuerfrei vereinnahmt werden. Die Nachsteuerrendite entspricht also der Vorsteuerrendite.

Sowohl Gold als auch Silber bieten eine Anlageform, die weltweit gehandelt und akzeptiert wird. Sie haben also eine Kapitalanlage, die Sie nicht nur an jedem Ort in Deutschland, sondern weltweit in die jeweilige Lokalwährung eintauschen können.

Ein Vorteil, der mir persönlich erst im Laufe der Zeit bewusst wurde:

Dadurch, dass Sie eine physische Kapitalanlage im wahrsten Sinne des Wortes in den Händen halten, statt einer immateriellen, die nur an Ihrem Computerbildschirm existiert, treffen Sie sehr viel bewusstere Anlageentscheidungen. Es ist eben nicht ein schneller Mausklick durch einen zittrigen, nervösen Finger, weil soeben eine weitere Weltuntergangsmeldung per Push-Nachricht aufs Smartphone kam. Sie müssen Ihre Kapitalanlage in die Hand nehmen und dem Edelmetallhändler oder dem abholenden Werttransport physisch übergeben, um sich von ihr zu trennen – es bleibt also viel Zeit, die Rationalität zurückzugewinnen und abzuwägen, ob man weiterhin Edelmetalle besitzen möchte oder nicht.

## 5.10 Zusammenfassung: Lieber Gold oder Silber kaufen?

Wie Sie festgestellt haben, ist es nicht zwangsweise eine Entweder-oder-Entscheidung.

Beide Edelmetalle, Gold und Silber, glänzen in einem Betrachtungswinkel etwas mehr oder weniger.

Es hängt von Ihrer individuellen Einschätzung und Gewichtung der genannten Aspekte ab, ob und wie Sie Ihre Kapitalanlage zwischen Gold und Silber aufteilen.

Ich persönlich habe aufgrund des für Silber sprechenden Gold-Silber-Ratios circa 60 % in Silber und nur 40 % in Gold investiert. Meine Standardempfehlung wäre es, die Kapitalanlage 50:50 aufzuteilen.

Wer chancenorientiert handelt und das Silber-Platzproblem selbst lösen oder auf eine externe Lagerlösung zurückgreifen kann, wird Silber stärker gewichten als Gold. Wer seine Kapitalanlage »unters Kopfkissen legen« und dabei keine Nackenschmerzen bekommen oder eher konservativ investieren möchte, erhöht seinen Goldanteil.

# 6 Basiswissen über Münzen und Barren

In diesem Kapitel möchte ich kurz die typischen Anlagemünzen und -barren vorstellen, welche sich der größten Beliebtheit erfreuen. Widmen wir uns aber zunächst der Frage: »Lieber Barren oder Münze?«

Heraeus
Feingold
999,9
HERAEUS EDELMETALLE
HANAU
250g
1OZ 9999 GOLD
CANADA
9999
ELIZABETH II
83

## 6.1 Unterschiede zwischen Barren und Münzen

**Vorteile Goldbarren**

- ✓ **Mehr Gewichtsklassen = mehr Flexibilität**
- ✓ **Meist geringere Prägekosten**
- ✓ **Meist mit Herstellerzertifikat**

**Vorteile Goldmünzen**

- ✓ **Meist optisch schöner**
- ✓ **Meist platzsparender lagerbar**
- ✓ **Keine Seriennummer = keine Nachverfolgbarkeit**

*Vorteile von Barren und Münzen im Vergleich*

Bei Gold, Platin und Palladium gibt es kein Richtig oder Falsch hinsichtlich der Frage, ob man sich für Barren oder Münzen entscheidet. Es sind mehr oder weniger Nuancen, die der eine so und der andere so gewichtet, wie die obige Gegenüberstellung zeigt.

Bei Silber gestaltet sich dies ein wenig anders: Hier sollten Sie sich für Silbermünzen oder Münzbarren statt Silberbarren entscheiden. Dies hat steuerliche Gründe und wird Ihnen im Kapitel zu Silberbarren näher erläutert.

## 6.2 Konfliktfreies und nachhaltiges Gold, Silber, Platin und Palladium

Zwar unterliegen alle Edelmetallminen und verarbeitende Unternehmen, die der LBMA angeschlossen sind, strengen Richtlinien hinsichtlich Nachhaltigkeit und klarer Herkunft (siehe **www.lbma.org.uk/responsible-sourcing**), dennoch bevorzugen Anleger immer öfter eine Edelmetallanlage, die deutlich nachhaltiger ist und komplett ohne Minen auskommt:

Da Edelmetalle beliebig oft recycelt werden können, verschwinden sie quasi nie aus dem Wirtschaftskreislauf. Es gibt mittlerweile Hersteller, die zur Produktion von Barren ausschließlich recyceltes Edelmetall verwenden.

In diesem Zusammenhang ist **C. Hafner** aus Wimsheim nahe der deutschen Gold-Stadt Pforzheim zu nennen: 1850 gegründet, ist C. Hafner die zweitälteste deutsche Scheideanstalt.

C. Hafner produziert ausschließlich in Deutschland und damit zu deutschen Sozial- und Umweltstandards. Darüber hinaus hat sich das Unternehmen zu einer nachhaltigen und $CO_2$-neutralen Produktion verpflichtet. C. Hafner ist weltweit die erste Scheideanstalt mit einem $CO_2$-neutralen Scheideprozess.

Konkret bedeutet dies:

- → Der Gold-Produzent ist LBMA-Mitglied und hält sich an die LBMA Responsible Gold Guidance. Somit ist das Gold unter anderem 100 % konfliktfrei und dessen Herkunft vollständig nachvollziehbar.
- → Der Gold-Produzent ist Mitglied der Responsible Jewellery Council (RJC) und verpflichtet sich neben Sozialstandards (z. B.: keine Kinderarbeit, maximale Arbeitszeiten) auch dazu, Verantwortung für die Umwelt (z. B.: Umweltschutz, Umgang mit Gefahrenstoffen zur Vermeidung von Umweltverschmutzung) zu übernehmen.
- → Der Gold-Produzent gehört der Urban Mining e. V. an und ist conflict-free gold refiner (konfliktfreier Goldaufbereiter). Alle Goldbarren des Herstellers wurden aus recyceltem Altgold hergestellt.

- → Der Gold-Hersteller verpflichtet sich, kein Primärgold (Minengold) anzunehmen und zu verarbeiten. Sie können sich also sicher sein, dass Ihr Goldbarren nicht aus durch eventuell umweltschädlich gewonnenem Minengold besteht.
- → C. Hafner als umweltfreundlicher Hersteller von Goldbarren produziert $CO_2$-arm bis neutral: Durch effektive Prozesse wie Kreislauf- und Filtersysteme reduziert das Unternehmen aktiv die $CO_2$-Emissionen. Alle im Scheideprozess nicht vermeidbaren $CO_2$-Emissionen werden kompensiert.

Die Einhaltung dieser Standards wird in regelmäßigen Abständen durch externe unabhängige Prüfungsgremien überwacht.

C. Hafner ist gleichzeitig ein Paradebeispiel dafür, dass Nachhaltigkeit nicht teuer sein muss: Die Goldbarren von C. Hafner gelten als besonders hochwertig und gleichzeitig preisgünstig.

| Feingewicht | Abmessungen (ca.) | Feingewicht | Abmessungen (ca.) |
|---|---|---|---|
| **1 g** | 15,0 x 8,4 x 0,4 mm | **50 g** | 55,0 x 30,0 x 1,8 mm |
| **5 g** | 25,0 x 15,0 x 0,5 mm | **100 g** | 55,0 x 30,0 x 3,6 mm |
| **10 g** | 25,0 x 15,0 x 0,9 mm | **250 g** | 45,3 x 25,6 mm |
| **20 g** | 42,0 x 23,0 x 1,1 mm | **500 g** | 89,3 x 40,0 mm |
| **1 oz (31,103 g)** | 42,0 x 23,0 x 1,7 mm | **1.000 g** | 89,9 x 40,6 mm |

*Goldbarren im Größenvergleich*

Goldbarren von C. Hafner sind daher die erste Wahl, wenn Sie in grünes Gold investieren möchten. Gegenüber Minengold hat recyceltes Gold einen um >99 % geringeren $CO_2$-Fußabdruck.

Eine Alternative ist **Heimerle + Meule** aus Pforzheim: 1845 gegründet, und damit 5 Jahre älter als C. Hafner, ist Heimerle + Meule die älteste deutsche Scheideanstalt.

Heimerle + Meule erfüllt alle vorgenannten Kriterien. Allerdings scheidet das Unternehmen noch nicht $CO_2$-neutral, sondern lediglich $CO_2$-schonend. Dafür bietet Heimerle + Meule aber nicht nur Goldbarren, sondern auch Silber und Platin an.

*Münzbarren von Heimerle + Meule*

Die von Heimerle + Meule produzierten Cook Islands Münzbarren sehen nicht nur spitze aus, sondern stellen auch die zurzeit einzige Möglichkeit dar, steueroptimiert (da differenzbesteuert) und grün in Silber zu investieren. Darüber hinaus produziert Heimerle + Meule einen als preisgünstig einzustufenden Platinbarren.

Das dritte für nachhaltig produzierte Barren stehende Unternehmen auf dem deutschen Markt ist **Umicore**: Umicore ist ein belgischer Hersteller, der aber auch einen Unternehmenssitz in Hanau hat. Umicore produziert – nahezu ausschließlich aus recyceltem Material und nachhaltig – Gold-, Silber-, Platin- und Palladiumbarren. Für weitere Informationen siehe: **www.goodgold.com.**

**Übersicht nachhaltig hergestellter Goldbarren**

Unter **www.goldsilbershop.de/umweltfreundliches-gold.html** finden Sie eine Übersicht nachhaltig hergestellter Goldbarren sowie eingehendere Informationen und ein Video zu dieser Thematik.

# 6.3 Grundsätzliches bei der Auswahl von Barren und Münzen

Bevor wir uns konkret einzelne Barren und Münzen anschauen, möchte ich Ihnen ein paar grundlegende Tipps geben, die Sie berücksichtigen sollten:

## Je größer, desto günstiger

Generell kann man sagen, dass der Preis pro Gramm günstiger ist, je größer der Barren bzw. die Münze ist. Dies ist auch an der folgenden Darstellung abzulesen:

**Goldbarren – Aufschlag in %**

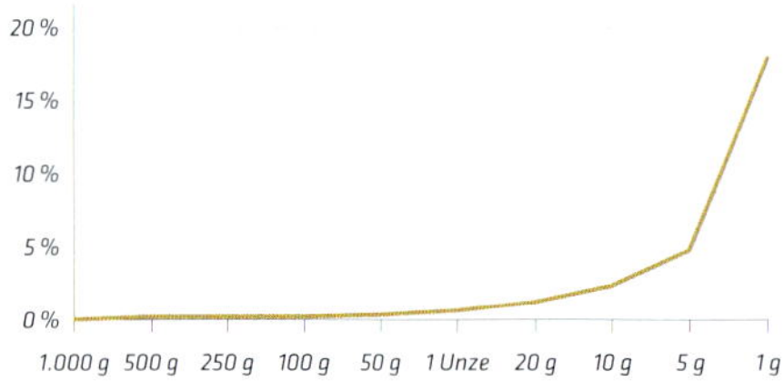


**Silberbarren – Aufschlag in %**

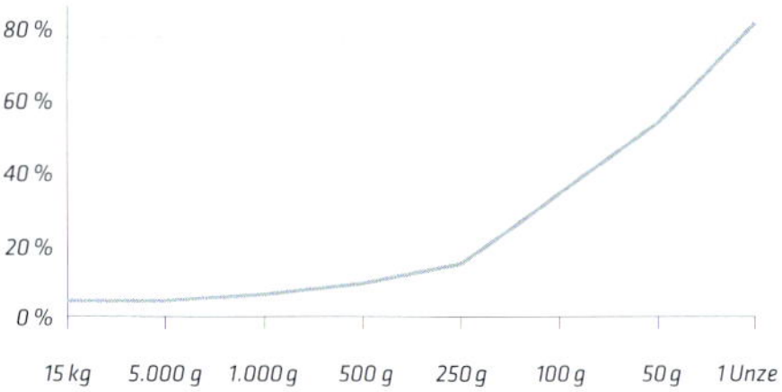


*Preisaufschlag in Prozent in Abhängigkeit der Barrengröße*

Für alle vier Edelmetalle (Gold, Silber, Platin und Palladium) gilt, dass Sie, sofern es in Ihrem Budget liegt, keinen Barren oder keine Münze mit einem Feingewicht von weniger als einer Feinunze (ca. 31,1 g) kaufen sollten, denn dann fallen die Prägekosten prozentual zum Materialwert stark ins Gewicht.

Bei Goldbarren sind Gewichtseinheiten von einer Unze bis zu einem Kilogramm die zu bevorzugenden Gewichtseinheiten. Bei Goldmünzen ist die 1 Unzen-Münze ziemlich beliebt. Das Gleiche gilt für Silbermünzen, hier kommt allerdings noch die 1 kg-Variante hinzu. Investiert man in Silber(münz)barren, sind Gewichtseinheiten ab einem Kilogramm empfehlenswert.

*Lieber zehn 100 g-Barren statt einem 1 kg-Barren kaufen.*

Sie sollten allerdings auch nicht in zu große Gewichtseinheiten investieren: Einen 1 kg-Barren können Sie nur ganz oder gar nicht verkaufen. Daher empfehle ich eher, zehnmal 100 g- oder viermal 250 g-Barren zu kaufen, da Sie dann für eventuelle Teilverkäufe flexibler sind.

## Bekanntheit entscheidend

Zwar sind insbesondere Gold und Silber weltweit überall handelbar und damit »wieder zu Geld zu machen«, dennoch empfiehlt es sich bei Barren, auf bekannte Hersteller der LBMA Good Delivery List und bei Münzen auf beliebte Ausgaben zu setzen.

So können Sie sicherstellen, dass Sie bei einem späteren Verkauf jederzeit und überall einen bestmöglichen Preis erzielen.

LBMA
GOOD DELIVERY
REFINER

### LBMA Good Delivery List

LBMA steht für London Bullion Market Association. Diese wurde im Jahre 1897 von diversen Banken respektive mit Edelmetall handelnden Unternehmen gegründet, um einen standardisierten Handel mit marktgerechten Preisen zu schaffen. In diesem Zusammenhang wurden erstmals Grundsätze festgehalten, die Hersteller bzw. deren Barren erfüllen müssen, um das Prädikat »good delivery« tragen zu dürfen. Unabhängig von ihrer tatsächlichen Prägequalität haftet Barren von Nicht-Good-Delivery-Herstellern ein Manko an. Daher ist es empfehlenswert, Barren ausschließlich von Good-Delivery-Herstellern zu wählen.
Für den deutschen Markt sind dies vor allem: C. Hafner, (Argor-) Heraeus, Heimerle + Meule, Umicore, Valcambi, Münze Österreich, PAMP; Perth Mint und Rand Refinery. Ein häufiger Irrtum ist, dass die heutige Degussa ein historisches Unternehmen und ein Good-Delivery-Hersteller ist.

Mehr zu Good Delivery unter:
**www.goldsilbershop.de/good-delivery.html**

## Wo Degussa draufsteht, ist kein Degussa drin

1873 gegründet, also 28 Jahre später als Heimerle + Meule, ist die Deutsche Gold- und Silber-Scheideanstalt, kurz Degussa, nicht die älteste deutsche Scheideanstalt, die heute noch aktiv ist:

2003 wurde das Edelmetallgeschäft der Degussa an Umicore verkauft. Die Namensrechte von Degussa verblieben zunächst bei Evonik Industries.

2010 übernahm die Bankierfamilie von Finck die Namensrechte »Degussa« von Evonik und gründete ein neues Unternehmen. Umicore hatte damals zum Start des heutigen Edelmetallhändlers Degussa eine PR-Kampagne gestartet mit dem Slogan: »Nur wo Umicore draufsteht, ist Degussa drin«. Schließlich übernahm Umicore weltweit alle Produktionsstandorte, wie den in Hanau, von der Scheideanstalt Degussa:

Zitat aus der Pressemitteilung:

*»Seit nunmehr über 140 Jahren liefert die Umicore Edelmetalle wie Gold, Silber, Platin und Palladium«, erklärt Ralf Drieselmann, Leiter des Geschäftsbereichs Edelmetallhandel. »Die ehemaligen Edelmetallaktivitäten der Degussa AG wurden 2003 von der Umicore übernommen und sind noch heute ein wichtiger Bestandteil der weltweit aktiven Umicore-Gruppe«.*

*Seit Anfang November dieses Jahres wirbt die Firma »Degussa Goldhandel GmbH« für den Verkauf von Degussa-Goldbarren. »Es könnte hier durchaus der Eindruck entstehen, dass die Degussa wieder Goldbarren gießt. Das ist so nicht ganz korrekt«, so Drieselmann. »Alle Produktionsstandorte der Scheideanstalt Degussa wurden 2003 von Umicore weltweit übernommen und stellen auch weiterhin Edelmetallbarren her. Allerdings haben wir uns Ende 2005 entschlossen, den Prägestempel mit dem ‚Degussa'-Logo durch das ‚Umicore'-Logo zu ersetzen und unsere Edelmetallbarren unter der Marke Umicore weiterzuentwickeln. Die erst seit Kurzem mit einem Degussa-Logo angebotenen Barren bezieht die*

*Degussa Goldhandel GmbH von einem Hersteller aus der Schweiz; die Markenrechte am Degussa-Logo hat man von Evonik gekauft. Das Prägebild der neuen Barren unterscheidet sich deutlich von den bis 2005 gefertigten Degussa-Barren, unter anderem durch einen Zusatzstempel der Schweizer Scheiderei.«*

*Heute wie damals werden Umicore-Edelmetallbarren aus recyceltem Edelmetall hergestellt. Umicore betreibt in Antwerpen-Hoboken, Belgien, die größte und modernste Scheideanstalt der Welt. »Man könnte unsere Gold- und Silberbarren als ‚grüne Barren' bezeichnen. Auch hier ist Umicore nachhaltig und das macht den Unterschied«, so Stephan Henkel, Goldhändler in der Hanauer Handelszentrale von Umicore.*

Dass neue Degussa Goldbarren nicht von der heutigen Degussa, sondern in der Regel von Argor-Heraeus oder Valcambi hergestellt werden, können Sie auch an den Barren ablesen:

Barren haben meist einen Prägestempel des sogenannten Melter Assayer – dieser verrät, wer der tatsächliche Hersteller ist. Schauen Sie sich Degussa-Barren an, finden Sie dort zumeist ein »AH« für Argor-Heraeus oder ein »CHI« für Valcambi.

Anhand des Prägestempels können Sie auch bei vielen von Banken vertriebenen Barren mit deren Logo erkennen, wer der eigentliche Hersteller ist.

Dies ist bei einem solchen Goldbarren definitiv kein Manko – wer Degussa-Goldbarren jedoch in Erwägung gezogen haben sollte, weil er auf eine weit über 100 Jahre alte deutsche Hersteller-Tradition setzen wollte, sollte über diese Tatsachen informiert sein.

Degussa
FEINGOLD
999,9
100 g
MELTER
ASSAYER
Degussa
FEINGOLD 999,9
ESSAYEUR
FONDEUR
5 g

# 7 Anlagemünzen

Unter Anlagemünzen, auch *Bullionmünzen* genannt, fallen aus Gold oder Silber hergestellte Münzen, die in hoher Auflage - teils millionenfach pro Jahr - geprägt werden und in der Regel nicht über einen Sammlerwert verfügen. Sie sind daher ein ideales Edelmetall-Investment.

GOUD 1OZ FINE GOLD

Fast alle Edelmetallmünzen zeichnen sich dadurch aus, dass sie einen aufgeprägten Nennwert haben. Dieser ist in der Landeswährung der jeweiligen Münze angegeben und liegt meist deutlich unter dem tatsächlichen Materialwert. Er wird obligatorisch aufgeprägt, da dies die Münze zu einem gültigen Zahlungsmittel macht:

*Ausgabeland und Nennwert einer Goldmünze.*

Lediglich zwei Goldmünzen stellen eine prominente Ausnahme dar: Krügerrand und Sovereign.

Der tatsächliche Wert wird immer anhand des Gewichts, des aktuellen Börsenkurses und der Prägekosten des Herstellers festgelegt. Seltene und ältere Jahrgänge werden oftmals auch etwas höher gehandelt, aber das spielt bei Anlagemünzen eine untergeordnete Rolle.

*Verschiedene 1 Unzen-Goldmünzen im Größenvergleich.*

Das Gewicht wird in Unzen (oz) angegeben. Fast alle Silbermünzen und auch ein Löwenanteil der Goldmünzen haben ein Gewicht von einer Feinunze. Das entspricht einem Gewicht von 31,104 g.

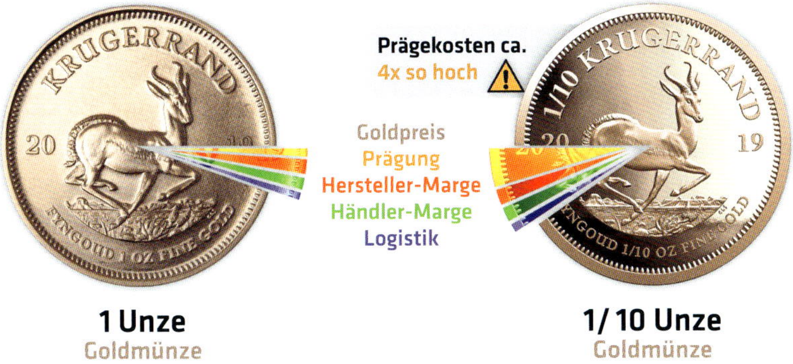


*Prägekosten von Goldmünzen*

Kleinere Stückelungen haben logischerweise höhere Prägekosten, sodass man beim Kauf sehr kleiner Münzen weniger für sein Geld bekommt. Größere Stückelungen wie eine Unze haben in der Regel aber dennoch einen höheren Kilopreis, da diese nicht annähernd so häufig geprägt werden wie die klassische Feinunze. Die typischen Stückelungen von Anlagemünzen sind: ¼ oz, ½ oz, 1 oz, 2 oz, 5 oz, 10 oz und 1 kg. Im Bereich der Goldmünzen gibt es noch kleinere Stückelungen: 1/25 oz, 1/20 oz, 1/10 oz.

Nachfolgend ein Größenvergleich der verschiedenen Stückelungen. Bei den Gewichtseinheiten unter einer Unze spricht der Fachmann übrigens von »*Fractionals*«.

*Maple Leaf Goldmünzen im Größenvergleich*

Münzen, die für den Anlagezweck hergestellt werden, bezeichnet man aufgrund der sehr hohen Stückzahl, in der sie produziert werden, als »Bullionmünzen«. Im Folgenden stelle ich die wichtigsten und bekanntesten dieser Münzen vor. Generell spreche ich die starke Empfehlung aus, keine allzu exotischen Münzen zu erwerben, wenn es nicht aus Sammlerzwecken gewünscht ist. Als Anleger sollte der Fokus auf niedrigen Prägekosten und einer weltweit hohen Akzeptanz liegen. Solche Anlagemünzen, die es zudem alle in einer Gold- und Silberausführung gibt, werden in diesem Kapitel näher betrachtet.

*Ersterscheinungsjahre von Goldmünzen.*

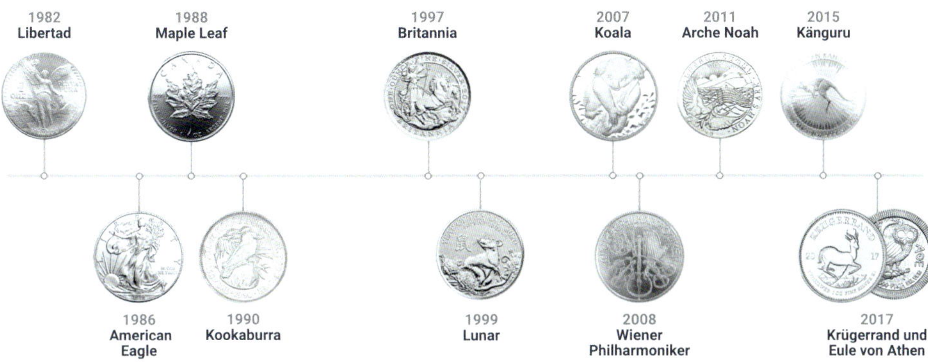


*Ersterscheinungsjahre von Silbermünzen.*

## Krügerrand

**Herkunftsland:** Südafrika
**Ersterscheinung Gold:** 1967
**Ersterscheinung Silber:** 2018 (2017 als Sammlermünze)
**Verbreitung und Anerkennung:**

Für Einsteiger im Edelmetallbereich mag es zwar etwas abwegig klingen: Im Bereich der Goldmünzen ist der südafrikanische Krügerrand die absolute Nummer Eins auf dem Weltmarkt. Sie war 1967 die erste Goldanlagemünze auf dem Markt und ist daher für viele der Inbegriff der Goldmünze. Mehr als die Hälfte aller im Umlauf befindlichen Goldmünzen sind von der Sorte Krügerrand. Die Goldversion zeichnet sich dadurch aus, dass bei einem Feingehalt von 91,7 % eine Unzenmünze nicht nur eine Feinunze Gold enthält, sondern darüber hinaus knapp drei Gramm Kupfer. Damit wiegt der Gold-Krügerrand mit fast 34 g etwas mehr als andere Goldunzen.

Da Gold ein sehr weiches Metall ist, kann es sehr leicht beschädigt werden, wenn es tatsächlich als reges Zahlungsmittel eingesetzt wird. Im schlimmsten Fall können sogar Kleinstpartikel des wertvollen Goldes verloren gehen. Beim Krügerrand hat in der Vergangenheit der rege Einsatz schon des Öfteren stattgefunden. Infolgedessen hat sich der Hersteller zur Zugabe von Kupfer entschieden. Dadurch erhält die Münze einen viel höheren Härtegrad und ist somit vor einem Wertverlust durch Beschädigungen sehr gut geschützt. Und nicht nur das: Aufgrund des Kupfers hat der Krügerrand seither einen rötlichen Schimmer.

In den aktuell durch Hyperinflation krisengeplagten Regionen Venezuela und Argentinien wird der Krügerrand als Zahlungsmittel lieber gesehen als alles andere.

Die südafrikanische Silbermünze kam anlässlich des 50-jährigen Jubiläums des Krügerrands 2017 erstmals als streng limitierte Sammlermünze heraus. Erst seit 2018 gibt es sie auch in Silber als Anlagemünze. Dennoch hat sie es vom Start weg unter die Top 3 in der Silber-Geldanlage geschafft. Sicherlich liegt das auch an der großen Bekanntheit, der weltweiten Anerkennung und der sehr hohen Verbreitung der goldenen Ausführung. Aufgrund des sehr hohen Produktionsvolumens zeichnet sich auch der Krügerrand durch sehr geringe Prägekosten aus.

## Maple Leaf

**Herkunftsland:** Kanada
**Ersterscheinung Gold:** 1979
**Ersterscheinung Silber:** 1988
**Verbreitung und Anerkennung:**

Keine Goldmünze glänzt so wunderschön wie der Maple Leaf, denn er besteht nur aus reinstem Feingold. Der große Vorteil dieser Goldmünze ist die hohe Anerkennung weltweit, ähnlich wie beim Krügerrand. Der Maple Leaf ist in Nordamerika die am weitesten verbreitete Münze und in Europa der Importschlager Nummer Eins.

Der Maple Leaf ist im Silberbereich die unangefochtene Nummer Eins auf dem Markt. Rund die Hälfte aller weltweit verkauften Silbermünzen kommt von der kanadischen Prägestätte. Der Maple Leaf ist unter den Bullionmünzen eine der ältesten und folglich auch eine der bekanntesten Münzen. Jeder Edelmetallanleger und Finanzexperte denkt zuerst an den Maple Leaf, wenn das Wort Silber in den Raum geworfen wird.

Beim Kauf von Silber kommt man an dieser Münze schlichtweg nicht vorbei.

Diesen Status hat sich die Münze aber auch wahrhaftig verdient. Das große Problem bei der Silberlagerung (siehe Seite 77) ist die Bildung von Milchflecken. Die kanadische Münzenprägestätte hat eine einzigartige Beschichtung entwickelt, die die Bildung der hässlichen und wertmindernden Flecken verhindert. Trotz der Beschichtung zeichnet sich der silberne Maple Leaf noch durch einen verhältnismäßig günstigen Preis aus, ausgelöst durch sein enormes Produktionsvolumen.

Ich gehe davon aus, dass bald die goldene Maple Leaf Münze den Krügerrand als am meisten verbreitete Anlagemünzen weltweit ablösen wird. Sie gilt – neben der Britannia Münze – als die fälschungssicherste Anlagemünze überhaupt und ist die einzige, die in allen Varianten (Gold, Silber, Platin, Palladium) hergestellt wird.

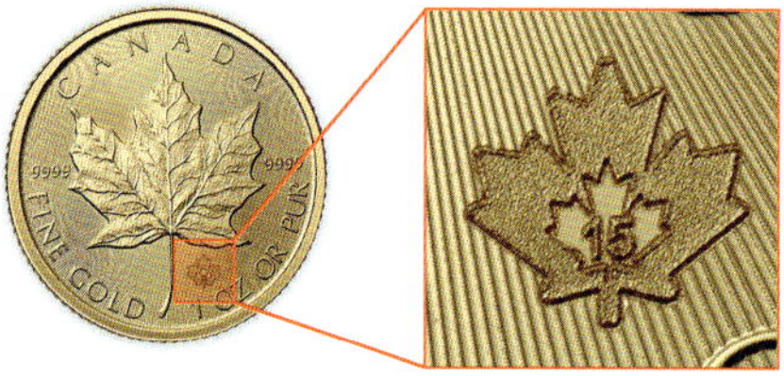


**1 Unze**
**Maple Leaf Gold**

- ✓ komplexe, radiale Linienstruktur
- ✓ letzten beiden Ziffern des aktuellen Jahres in der Mitte eines kleinen, strukturierten Ahornblatts

**1 Unze**
**Britannia Gold**

- ✓ Microtext per Laser-Gravur
- ✓ Hologramm mit 2 Motiven
- ✓ animierter Hintergrund
- ✓ feine Tinkturlinien

*Sicherheitsmerkmale von Maple Leaf und Britannia.*

### ℹ Jahrgang bei Maple Leaf und Britannia beachten

Die vorgenannten Sicherheitsmerkmale sind mit dem Jahrgang 2015 bei den Maple Leaf und 2021 Britannia Münzen eingeführt worden. Sollten Sie ältere Jahrgänge erwerben, fehlen diese Sicherheitsmerkmale, die die Münzen als fälschungssicher gelten lassen.

## Britannia

**Herkunftsland:** England
**Ersterscheinung Gold:** 1987
**Ersterscheinung Silber:** 1997
**Verbreitung und Anerkennung:**

Im Vergleich zu Krügerrand und Maple Leaf führten die Britannia Gold- und Silbermünzen über viele Jahre ein Schattendasein. Es gab einige Ursachen dafür: Der Feingehalt war geringer und Silbermünzen konnten – solange Groß-Britannien noch zur EU gehörte – nicht differenzbesteuert angeboten werden.

Dann ging es jedoch richtig schnell: Der Feingehalt wurde erhöht, das Münzbild verschönert sowie mit Sicherheitsmerkmalen ausgestattet. Auch die *tubes* ( = Plastikröhrchen, in denen mehre Münzen verpackt sind) wurden überarbeitet und spätestens der EU-Austritt der Briten hat auch unter steuerlichen Gesichtspunkten den Silber-Britannias das Tor zum europäischen Markt weit geöffnet.

Kurzum: Innerhalb weniger Monate haben sich diese beiden britischen Anlagemünzen in der Beliebtheitsskala unserer Kunden unter die Top 3 hochkatapultiert – völlig zu Recht, wie ich finde.

## Känguru Nugget

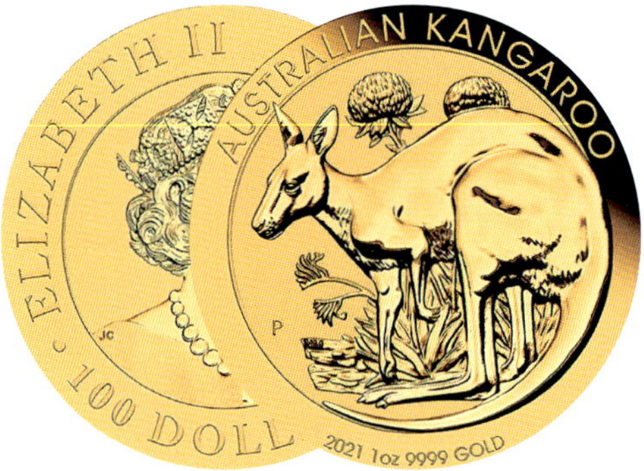

**Herkunftsland:** Australien
**Ersterscheinung Gold:** 1986
**Ersterscheinung Silber:** 2015
**Verbreitung und Anerkennung:**

Die Känguru Münzen (auch »Australian Nugget« genannt, da ursprünglich ein Goldnugget auf der Münze zu sehen war) werden von der australischen Perth Mint produziert. Es handelt sich hierbei um die einzige Bullionmünze, die in der Goldversion eine jährlich begrenzte Produktionszahl hat. Für die Feinunze sind das in den jüngsten Jahren 350.000 gewesen.

Erreicht wurde diese Menge allerdings fast nie. Die australische Münze genießt in Ozeanien die höchste Anerkennung, ist aber auch in Nord- und Südamerika stark verbreitet.

Die aktuellen Prägejahre sind bei den Edelmetallhändlern oftmals die preiswertesten Goldmünzen. Bekanntermaßen sind die Prägekosten der Australier verhältnismäßig niedrig. Beliebt ist die Goldmünze auch deshalb, weil sie in einer Münzkapsel geliefert wird. So ist sie vor Kratzern und äußeren Einflüssen gut geschützt.

In Europa ist das Känguru in der Gold-Variante weniger verbreitet. In den anderen Gebieten unserer Erde ist es jedoch sehr bekannt und anerkannt.

Die Besonderheit des goldenen Känguru Nuggets ist das wechselnde Design. Der Nugget erhält jedes Jahr ein anderes Känguru-Motiv und hat somit bei auch bei Sammlern einen hohen Stellenwert: Ältere Jahrgänge besitzen durch das wechselnde Motiv auch einen Sammlerwert und werden deshalb meist einige Prozentpunkte höher gehandelt.

Während die Gold-Variante ein jährlich wechselndes Motiv hat, ändert sich das Motiv der Silber-Variante nicht. Aufgrund des vergleichsweise geringen Preises zählt das Silber-Känguru zu den meistgekauften Silbermünzen.

## Wiener Philharmoniker

**Herkunftsland:** Österreich
**Ersterscheinung Gold:** 1989
**Ersterscheinung Silber:** 2008
**Verbreitung und Anerkennung:**

Der Wiener Philharmoniker ist die mit Abstand bekannteste und erfolgreichste Anlagemünze in Europa. In einigen Jahrgängen der 90er lief der »Phili«, wie die Münze auch genannt wird, dem Krügerrand den Rang ab und war die meistverkaufte Goldmünze der Welt.

Der Philharmoniker genießt aber nicht nur in Europa eine sehr hohe Anerkennung – es ist die einzige Edelmetallmünze des alten Kontinents, die weltweit von hoher Bedeutung ist.

Von allen 1 Unzen-Goldmünzen hat sie mit 37 Millimetern den größten Durchmesser – viele schätzen die Münze deshalb sehr, weil sie nach »mehr Gold« aussieht. Zudem enthält sie nur Gold im höchstmöglichen Feinheitsgrad und hat dadurch einen schönen goldenen Glanz, ist aber auch entsprechend sensibel gegenüber Beschädigungen.

Die Silber-Variante ist in Europa seit 2014 ins Hintertreffen geraten, da sie zumeist nicht differenzbesteuert angeboten werden kann und daher für Privatanleger hinsichtlich der zu zahlenden Mehrwertsteuer im Vergleich zu anderen Silbermünzen preislich unattraktiv ist.

## American Eagle

*Altes Motiv (Als Typ 1 bezeichnet)*

*Neues Motiv (Als Typ 2 bezeichnet)*

**Herkunftsland:** USA
**Ersterscheinung Gold:** 1986
**Ersterscheinung Silber:** 1986

**Verbreitung und Anerkennung:**

Der American Eagle wird von der United States Mint geprägt, der ältesten Bundesbehörde in den US-Staaten. Der Eagle hat einen ähnlich hohen Status wie der Krügerrand im englischsprachigen Teil der Welt.

Der American Eagle ist, ebenso wie der Krügerrand, keine reine Feingoldmünze und wird in den inflationsgeplagten Regionen Süd- und Mittelamerikas häufig eingesetzt. Er besteht aus einer 22 Karat (91,7 %) Gold-Kupfer-Silber-Legierung und ist dadurch absolut einzigartig. Dies dient natürlich dem Schutz vor Beschädigungen und macht den Eagle zur robustesten Goldmünze im Anlagebereich. Optisch erhält er dadurch ebenso eine einzigartige goldene Farbe, die nur den Hauch eines rötlichen Schimmers enthält.

Hinsichtlich der Preisbildung ist der American Eagle in der Regel die teuerste Anlagemünze. Dies ist vor allem auf die höheren Prägekosten durch den zusätzlichen Silberanteil zurückzuführen.

Nicht nur in Gold, sondern auch in Silber gehört der American Eagle zu den hoch angesehenen und weitverbreiteten Münzen. Allerdings behält er auch hier denselben faden Beigeschmack: Seine Prägekosten zählen zu den höchsten. Natürlich erhält man diese bei Wiederverkauf zurück.

Aufgrund seiner matten Farbgebung und der Tatsache, dass der Eagle den größten Durchmesser aller Bullionmünzen hat, ist er bei vielen Anlegern sehr beliebt.

2021 wurde – anlässlich des 35-jährigen Jubiläums – unterjährig das Motiv erneuert, sodass es eine 2021-Münze mit dem alten und dem neuen Motiv gibt. Dies ist absolut ungewöhnlich, da Motivwechsel normalerweise zusammen mit dem Jahrgang erfolgen.

Eine Kuriosität haben die American Eagle Münzen gegenüber anderen Anlagemünzen: Die Rückseite ist auf dem Kopf geprägt. Dreht man sie seitlich, steht die Rückseite auf dem Kopf. Amerikaner drehen wohl Münzen eher von oben nach unten.

## 7.1 Weitere Anlagemünzen

Die zuvor genannten Münzen sind die beliebtesten Anlagemünzen aus Gold und Silber und sollten daher auch Ihre erste Wahl sein, wenn Sie sich für eine Kapitalanlage in Münzen entschieden haben.

Einige weitere Münzen aus dem Anlagebereich, die bei den meisten Händlern in Deutschland zu erwerben sind, möchte ich an dieser Stelle kurz vorstellen. Sie erfreuen sich zwar zumeist nicht annähernd einer so hohen Bekanntheit und Anerkennung wie die vorangegangenen Bestseller, sollten aber in einem Buch über Edelmetalle nicht fehlen und kommen grundsätzlich für Anleger ebenfalls infrage.

### Vreneli

**Herkunftsland:** Schweiz
**Prägezeitraum Gold:** 1897-1949
**Verbreitung und Anerkennung:**

Die Goldvreneli 20 Franken mit der Büste der jugendlichen Helvetia (Spitzname »Vreneli«) auf der Vorderseite ist, wie ihr Gegenstück zu 10 Franken, weltweit bekannt und gilt als schönste Goldmünze der Schweiz.

Wie keine andere Münze verkörpert die Vreneli, so der volkstümliche Name in der

Schweiz, die Goldmünzenprägung der Eidgenossen. Zwar wird die Münze schon seit 1949 nicht mehr geprägt und ist mit einem Feingewicht von 5,81 g eine eher kleine Goldmünze, dennoch hat sie im Edelmetallhandel einen hohen Stellenwert:

Da sie damals millionenfach geprägt wurde, ist sie auch heute noch meist in großen Mengen vorhanden und zählt in ihrer Gewichtsklasse zu den preisgünstigsten Goldmünzen.

Der Feingehalt ist mit 90 % vergleichsweise gering. Dies war zur damaligen Zeit allerdings üblich und sorgt dafür, dass die Goldmünze verhältnismäßig kratzfest ist.

## Sovereign

**Herkunftsland:** England
**Ersterscheinung Gold:** 1817
**Verbreitung und Anerkennung:**

Beim Full Sovereign zu 7,32 g Feingold handelt es sich um die klassische Goldmünze des Vereinigten Königreichs, die seit 1817 im Wesentlichen unverändert geblieben ist. Aufgrund ihrer langen Tradition und Bedeutung als Goldmünze des British Empire vereint sie klassische Eleganz mit weltweiter Bekanntheit und Akzeptanz.

Kennzeichnend für den Sovereign ist das jeweilige Herrscherporträt auf der Vorderseite sowie als klassisches Rückseitenbild die mythische Drachentötung durch den Heiligen Georg.

Der Sovereign besteht, ebenso wie der Krügerrand, nur zu 91,7 % aus Feingold und hat einen kupfernen Rotstich. Wie die Vreneli ist er im Vergleich zu anderen Goldmünzen mit einem ähnlichen Gewicht als preisgünstig einzustufen.

## Libertad

**Herkunftsland:** Mexiko
**Ersterscheinung Gold:** 1981
**Ersterscheinung Silber:** 1982
**Verbreitung und Anerkennung:**

Es ist die bekannteste Münze aus dem lateinamerikanischen Raum: der mexikanische Libertad. Allerdings werden auch in Mexiko selbst dem Libertad zumeist der Krügerrand, Maple Leaf, Britannia oder der American Eagle vorgezogen. International ist die Verbreitung der mexikanischen Edelmetallmünze als eher gering einzustufen. Wer bereits die eine oder andere Investition in Edelmetalle getätigt hat, kann sich jederzeit den Libertad als exotische Beimischung mit ins Portfolio legen. Für Einsteiger ist Mexikos Münze allerdings eher ungeeignet.

Meine Erfahrung als Edelmetallhändler ist zudem, dass die Silber-Libertads eher dazu neigen, schwarz anzulaufen als andere Silbermünzen.

## Arche Noah

**Herkunftsland:** Armenien
**Ersterscheinung Gold:** 2020
**Ersterscheinung Silber:** 2011
**Verbreitung und Anerkennung:**

Die Arche Noah ist die Nummer Drei der europäischen Anlagemünzen. Erhältlich ist die armenische Münze in Gold und Silber. Sie zeichnet sich durch einen relativ günstigen Preis aus. Entsprechend wird sie von Edelmetallhändlern sehr gerne den Kunden angeboten. Der niedrige Preis ist durch die relativ einfache Prägequalität begründet. Allerdings genießt die Münze außerhalb Europas nur eine sehr geringe Anerkennung.

Hergestellt wird die Münze – unter Lizensierung des armenischen Staates – von Geiger Edelmetalle in Deutschland. Damit ist sie die bestverkaufte Edelmetallmünze »Made in Germany«.

Empfehlenswert sind Arche Noah Silbermünzen, wenn man sie in sogenannten *tubes* (siehe S. 127) kauft, da den tubes der Sauerstoff entzogen und ein Gas eingefüllt wird, das dafür sorgen soll, dass die Münzen nicht schwarz anlaufen, wenn man die tubes verschlossen lässt.

## American Buffalo

**Herkunftsland:** USA
**Ersterscheinung Gold:** 2006
**Verbreitung und Anerkennung:**

Auch die Amerikaner haben eine zweite Serie an Goldmünzen, die im Anlagebereich angesiedelt ist. In Silber ist der American Buffalo, der von einem Büffel und einem Indianer geziert wird, nicht erhältlich. Der Preis stimmt meist ungefähr mit dem klassischen American Eagle überein, daher eignet sich der Buffalo durchaus auch zur effektiven Goldanlage. Allerdings ist die Bekanntheit dieser Münze außerhalb Nordamerikas relativ gering.

## China Panda

**Herkunftsland:** China
**Ersterscheinung Gold:** 1982
**Ersterscheinung Silber:** 1983

**Verbreitung und Anerkennung:**

Der chinesische Panda ist die bekannteste und meistgeprägte Anlagemünze des asiatischen Kontinents. Das Motiv wechselt jährlich, zeigt aber immer einen oder mehrere Pandas. Sie ist seit dem Jahrgang 2016 nicht, wie die anderen Anlagemünzen, in der Einheit Unze erhältlich, sondern in Gramm. Das Pendant der 1 Unzen-Münze bringt 30 g auf die Waage.

Einige ältere Jahrgänge haben teils beachtliche zusätzliche Sammlerwerte. Sicherlich ist sie auch deshalb bei Sammlern sehr beliebt. Als Edelmetallmünze für die Geldanlage ist der Panda allerdings nur bedingt geeignet. Zum einen liegt das an seiner eigenen Stückelung und zum anderen an der geringen Verbreitung außerhalb des asiatischen Raumes.

## Lunar Serie

**Herkunftsland:** Australien
**Ersterscheinung Gold:** 1996
**Ersterscheinung Silber:** 1999
**Verbreitung und Anerkennung:**

Auch aus Australien gibt es eine Edelmetallmünze, die eine Mischung aus Anlage- und Sammlermünze darstellt. Hier entschied sich die Prägestätte ebenfalls für jährlich wechselnde Tiermotive. Allerdings handelt es sich hierbei nicht etwa um australische Tiere, sondern um die Tiere des chinesischen Kalenders. Die Lunar ist zwar offiziell eine Anlagemünze, aufgrund der etwas hohen Prägekosten und der eher geringen weltweiten Anerkennung handelt es sich de facto jedoch eher um eine Sammlermünze.

Tipp: Diese Münze ist ein schönes Geschenk zur Geburt eines Kindes mit dem zum Geburtsjahr passenden Motiv gemäß des chinesischen Tierkreiskalenders.

## Koala

**Herkunftsland:** Australien
**Ersterscheinung Silber:** 2007
**Verbreitung und Anerkennung:**

Im Jahr 2022 erscheint – neben dem Känguru – das zweite australische Wappentier bereits seit einem Vierteljahrhundert als Silbermünze mit einem jährlich wechselnden Motiv.

Neben der 1 Unzen-Variante ist die mit einem Durchmesser von etwas mehr als 10 Zentimetern große 1 kg-Münze äußerst beliebt und ein echter Hingucker.

Ähnlich der Lunar-Serie werden einige ältere Jahrgänge mit einem kleinen Sammleraufschlag gehandelt.

## Kookaburra

**Herkunftsland:** Australien
**Ersterscheinung Silber:** 1990
**Verbreitung und Anerkennung:**

Zwar als typisch australisches Wappentier weniger bekannt, überzeugt der Kookaburra dennoch bereits seit über 30 Jahren mit einer Fiederpracht auf Silbermünzen. Der Vogel wird jährlich in Form eines anderen Motivs dargestellt.

Analog der Lunar- und Koala-Münzen sind die Stückelungen zu einer Unze sowie einem Kilogramm nicht nur bei Vogelliebhabern und Sammlern äußerst gefragt. Einige ältere Jahrgänge erzielen teils beachtliche Sammleraufschläge.

Alle Lunar-, Kookaburra- und Koala-Münzen der Perth Mint werden in einer vor Kratzer schützenden Münzkapsel ausgeliefert. Unter anderem deshalb sind sie ein klein wenig teurer als andere Münzen.

## 7.2 Welche Münzen weshalb auswählen?

Einige Argumente für die eine oder andere Münze habe ich bereits bei der Vorstellung der verschiedenen Münzen genannt.

### *Bezogen auf Sicherheit sind Maple Leaf und Britannia führend*

Aufgrund der Sicherheitsmerkmale, der hohen Bekanntheit und des günstigen Grammpreises würde ich als Gold- und Silbermünzen stets Maple Leaf und Britannia bevorzugen.

**Video mit und zu gefälschten Goldmünzen**

Unter **www.goldsilbershop.de/gold-silber-echtheit-pruefen.html** finden Sie ein Video, das Ihnen High-End-Fälschungen zeigt und erklärt, wie man diese erkennen kann.

## 7.3 1 Unzen-Münzen, Vreneli, Sovereign und Maplegram bei Gold empfehlenswert

Hinsichtlich des Grammpreises sollten 1 Unzen-Münzen stets die erste Wahl sein. Wer es kleinteiliger mag oder wenn das Anlagebudget nicht ausreicht, kann man auch halbe, viertel oder zehntel Unzen kaufen, wobei man in diesen Fällen Vreneli, Sovereign und Maplegram näher betrachten sollte:

### Aufschläge von Goldmünzen

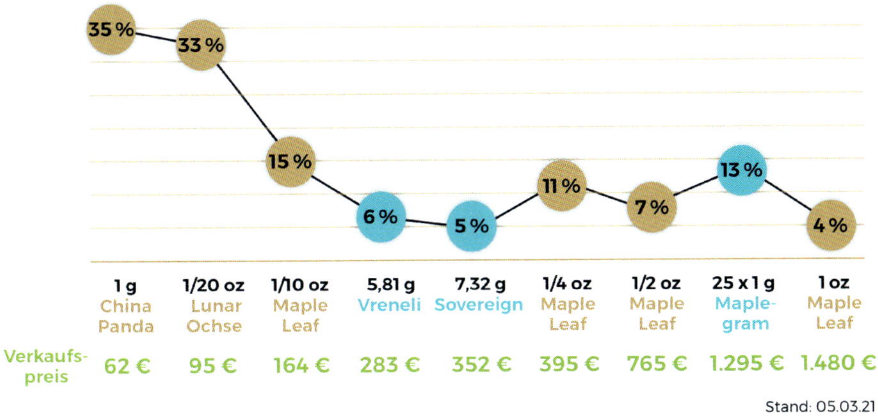


*Vreneli, Sovereign und Maplegram sind besonders günstig.*

Wie bereits erwähnt, sind die Aufschläge auf den Börsenkurs von Gold in der Regel umso höher, je kleiner die Münze ist:

Bei einer 1 g-Goldmünze werden ungefähr 35 % auf den Börsenkurs aufgeschlagen. Je schwerer die Münze, desto geringer fällt grundsätzlich der Aufschlag aus. Bei einer Unzen-Münze sind es nur 4 %. Es ist also unter diesem Gesichtspunkt sinnvoll, eine möglichst große Gewichtseinheit zu kaufen.

Obwohl Sie mit der Vreneli also eine Goldmünze in der Hand halten, die mindestens 72 Jahre auf dem Buckel hat, ist sie in großen Mengen verfügbar. Das Tolle an ihr ist, dass sie mit ihrem Feingoldgehalt von 5,81 g pro Gramm deutlich günstiger ist als eine viertel Unze, die rund 7,8 g wiegt.

Ähnlich verhält es sich beim 7,32 g Gold enthaltenden Sovereign, der auch heute noch geprägt wird und ebenfalls eine lange Historie hat. Mit einem Aufschlag von nur ungefähr 5 % sparen Sie gegenüber der fast gleich schweren viertel Unze circa 6 %.

Wenn Sie möglichst kleine Münzen haben wollen und es in Ihrem Budget liegt, wäre ein Maplegram für Sie die erste Wahl: Hierbei handelt es sich um 25 einzeln geblisterte Mini-Maple Leaf Münzen zu je einem Gramm – jede einzelne hat sogar eine Art Herstellerzertifikat.

*25 einzeln verpackte 1 g-Münzen: Maplegram*

Mit rund 13 % Aufschlag ist ein solches »Sparpaket« zwar teurer als zum Beispiel eine halbe Unze, jedoch deutlich günstiger als 25 einzelne 1 g-Münzen, die mit rund 35 % Aufschlag zu Buche schlagen.

Doch nicht nur beim Verkaufspreis bestechen diese besonderen Münzen. Was viele beim Kauf nicht bedenken, ist, dass auch der Spread, also die Differenz zwischen Verkaufs- und Ankaufspreis, größer wird, je kleiner die Münze ist. Sie zahlen also, auf das Gramm gerechnet, beim Kauf bereits mehr und müssen beim Verkauf eine größere Differenz hinnehmen.

Ein wesentlicher Grund dafür ist, dass wir als Edelmetallhändler jede anzukaufende Münze auf Zustand und Echtheit prüfen. Dieser Aufwand ist immer ungefähr gleich hoch, egal, ob ich eine 1 g-Münze oder eine Unze prüfe.

Damit treffen auch hier die fixen Stückkosten in Euro auf unterschiedlichen Materialwert und wirken sich prozentual entsprechend stark aus.

### Differenz zwischen Ver- und Ankaufspreisen

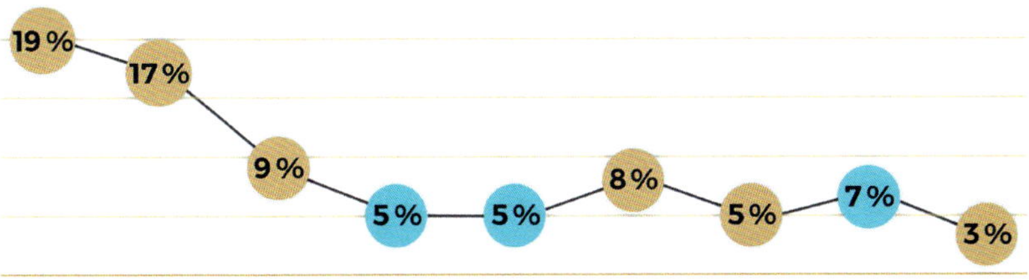


| | 1 g China Panda | 1/20 oz Lunar Ochse | 1/10 oz Maple Leaf | 5,81 g Vreneli | 7,32 g Sovereign | 1/4 oz Maple Leaf | 1/2 oz Maple Leaf | 25 x 1 g Maple-gram | 1 oz Maple Leaf |
|---|---|---|---|---|---|---|---|---|---|
| Ankaufs-preis | 50 € | 79 € | 150 € | 270 € | 335 € | 365 € | 730 € | 1.210 € | 1.440 € |
| Verkaufs-preis | 62 € | 95 € | 164 € | 283 € | 352 € | 395 € | 765 € | 1.295 € | 1.480 € |

Stand: 05.03.21

*Auch bei den Spreads überzeugen Vreneli, Sovereign und Maplegram.*

Während Sie bei einer 1 g-Münze mit einem Spread von circa 19 % rechnen müssen, liegt dieser bei einer Unze bei nur circa 3 %. Auch hier schneiden Vreneli, Sovereign und Maplegram deutlich besser ab als ähnliche Gewichtseinheiten. Sie sparen mit Vreneli und Sovereign rund 5 % und beim Maplegram über 10 %.

## 7.4 Bei Silbermünzen 1 Unze- und 1 kg-Münzen empfehlenswert

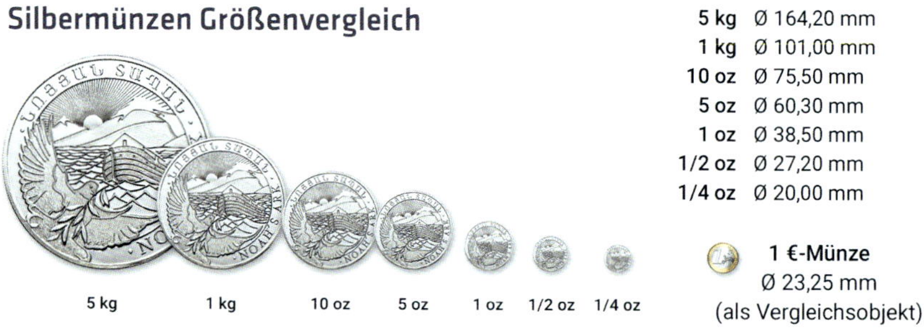


*Verschiedene Gewichtseinheiten von Silbermünzen*

Ebenso wie bei Goldmünzen sind 1 Unzen-Einheiten die mit weitem Abstand meistgekauften Silbermünzen. Obwohl es bei Silbermünzen deutlich mehr Gewichtseinheiten gibt, ist hauptsächlich die eine Unze uneingeschränkt empfehlenswert.

Da sie zumeist einen etwas günstigeren Grammpreis vorweisen, kann man auch 1 kg-Münzen in Erwägung ziehen.

*Zwischengrößen sind nicht empfehlenswert.*

Von anderen Gewichtseinheiten würde ich abraten, da sie seltener gehandelt werden und daher meist ein höherer Grammpreis dafür zu bezahlen ist.

Eine Ausnahme können halbe und viertel Unzen sein, wenn Sie zur Krisenvorsorge in kleinteiliges Silber investieren möchten.

## *Die günstigste Münze in der jeweiligen Gewichtseinheit kaufen*

Eine empfehlenswerte Strategie: Wer möglichst viel Edelmetall für sein Geld haben möchte, sollte in der gewünschten Gewichtseinheit die günstigste Münze wählen, bezogen auf den Grammpreis – daher weisen manche Händler, so wie wir, den Preis pro Gramm aus:

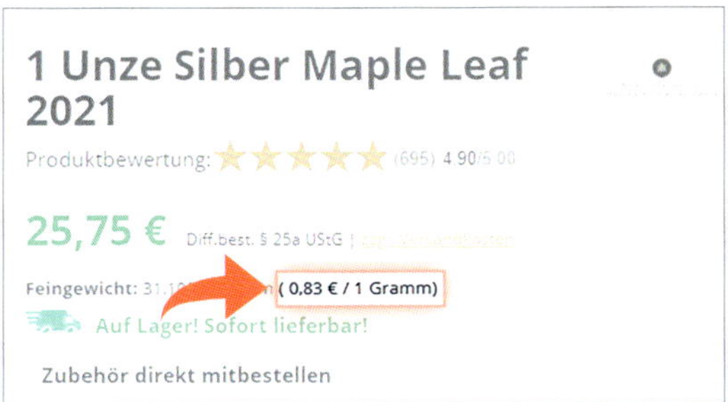


*Ausgewiesener Preis pro Gramm auf Produktseite*

Auf den Kategorie-Seiten können Sie die Münzen auch einfach nach dem Grammpreis aufsteigend sortieren:

*Sortierung nach dem niedrigsten Grammpreis*

## 7.5 *Backdated* statt prägefrische Münzen kaufen

Stellen Sie sich vor, heute sei der 31.12.21 – was passiert dann nach Mitternacht mit einer 2021er-Goldmünze? Aus dieser Münze aktuellen Jahrgangs wird dann eine Münze älteren Jahrgangs – auch als »*backdated*« oder »diverse Jahrgänge« bezeichnet. Es handelt sich um dieselbe Münze – nur ist sie gerade nennenswert gealtert. Dabei ist Gold doch unvergänglich?

Was ich damit meine: Viele Kunden kaufen immer prägefrische Münzen des aktuellen Jahrgangs, um eine neue Münze in den Händen zu halten, haben aber gleichzeitig einen mehrjährigen Anlagehorizont. Wenn Sie die Münze später einmal verkaufen wollen, zählt sie als *backdated*. Es ist dann also unerheblich, ob sie von 2021, 2020 oder 1999 ist. Das verschafft Ihnen beim späteren Verkauf keinen Vorteil.

Hinterfragen Sie sich also kurz selbst, ob es eine prägefrische Goldmünze sein muss oder ob Sie lieber 10, 15 € beim Kauf sparen wollen und eine *backdated*-Münze nehmen, die aus einem Ankauf stammt und zumeist immer noch in einem guten bis sehr guten Zustand ist.

Für den Kauf des aktuellen Jahrgangs spricht die eigene Nachvollziehbarkeit der Kaufjahre, wenn die Rechnung einem selbst dazu nicht ausreicht. Denn eine 2021er-Münze können Sie nicht schon 2011 gekauft haben.

## 7.6 Zustand von Münzen

### Toleriert werden:

- ✓ **Fingerabdrücke**
  (durch ein Entfettungsbad entfernbar)
- ✓ **Kleine Kratzer/Berührungsspuren**
- ✓ **Kleine Randfehler**

### Eine Anlagemünze ist handelbar, wenn:

- ✓ **keine tiefen Kratzer**,
- ✓ **keine inakzeptablen Randbeschädigungen**,
- ✓ **keine gravierenden optischen Beeinträchtigungen** vorhanden sind
- ✓ **sowie Maße, Gewicht und Feingehalt** stimmen.

Wichtige Aspekte im Zusammenhang mit alten Goldmünzen sind außerdem Zustand und Prägequalität von Goldmünzen im Allgemeinen. Zur Erinnerung: Goldmünzen wie Vreneli, Krügerrand usw. sind Anlagemünzen, keine Sammlermünzen. Daher werden sie in einem günstigeren Prägeverfahren hergestellt. Man spricht hier von Stempelglanz. Nur besondere Goldmünzen werden in einem aufwendigeren Herstellungsverfahren in der Prägequalität Spiegelglanz hergestellt. Wie der Name schon verrät, kann man sich in dieser Münze spiegeln.

Bei der Herstellung und dem anschließenden Handling von Anlagemünzen in Stempelglanz-Qualität kommt es dazu, dass diese zum Beispiel zusammenstoßen oder aneinanderreiben.

Kleine Kratzer und Dellen sind also kein wertmindernder Mangel, sondern mehr oder weniger normal, insbesondere dann, wenn es sich um eine Münze handelt, die schon Jahrzehnte auf dem Buckel hat.

Als wertmindernd zählen tiefe Kratzer, Randschäden oder Dellen.

Was passiert, wenn Ihnen eine Münze herunterfällt und sie nun deutliche Kratzer oder Dellen hat?

Im Unterschied zum Auto, das einen Kratzer abbekommen hat, ist der finanzielle Schaden erfreulicherweise geringer: Im schlimmsten Fall muss die Münze eingeschmolzen werden. Ein seriöser Edelmetallhändler wird Ihnen als Schmelzpreis den aktuellen Goldkurs abzüglich ungefähr 3 bis 5 % vergüten.

Auch hier gilt wieder: Je gewichtiger die Münze, desto geringer sind der Verkaufsaufschlag und die Differenz zwischen Verkaufs- und Schmelzpreis.

## 7.7 Münzen in Kapseln oder *tubes* aufbewahren

Was können Sie tun, um Ihre Münzen in einem möglichst guten Zustand zu halten?

Aus Sicht der Qualitätserhaltung empfiehlt es sich eher, Goldmünzen mit einer 917er-Legierung, Sovereign, Krügerrand und American Eagle oder Vreneli aus 900er-Gold zu kaufen, da sie durch die Beimischung anderer Metalle schlichtweg weniger kratzempfindlich sind.

Außerdem sollten Sie auf die Aufbewahrung der Münzen achten: Einzelne Münzen können Sie in Münzkapseln aufbewahren, da sie dort vor äußeren Einflüssen geschützt sind. Wenn Sie bei uns Münzen kaufen, können Sie direkt Münzkapseln mitbestellen.

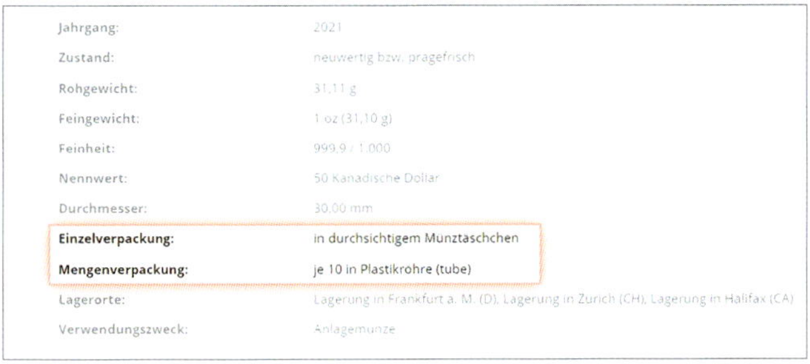

| | |
|---|---|
| Jahrgang: | 2021 |
| Zustand: | neuwertig bzw. pragefrisch |
| Rohgewicht: | 31,11 g |
| Feingewicht: | 1 oz (31,10 g) |
| Feinheit: | 999,9 / 1.000 |
| Nennwert: | 50 Kanadische Dollar |
| Durchmesser: | 30,00 mm |
| **Einzelverpackung:** | in durchsichtigem Munztaschchen |
| **Mengenverpackung:** | je 10 in Plastikrohre (tube) |
| Lagerorte: | Lagerung in Frankfurt a. M. (D), Lagerung in Zurich (CH), Lagerung in Halifax (CA) |
| Verwendungszweck: | Anlagemunze |

*Verpackungseinheiten von Barren und Münzen*

Einige wenige Goldmünzen wie die Lunar- und Känguru-Goldmünzen werden direkt vom Hersteller gekapselt. Ob eine Münze direkt gekapselt angeboten wird oder eine Kapsel dazu bestellt werden muss, können Sie auf den Produktseiten von **www.goldsilbershop.de** im Eigenschaften-Tab nachlesen.

Haben Sie einen etwas größeren Anlagebetrag zur Verfügung, empfehle ich Ihnen zum Beispiel bei 1 Unzen-Goldmünzen 10er-weise zu kaufen: Dann erhalten Sie die Münzen in einer sogenannten *tube*, in der die Münzen platzsparend und sicher verwahrt sind.

# Immer in tubes und Boxen kaufen

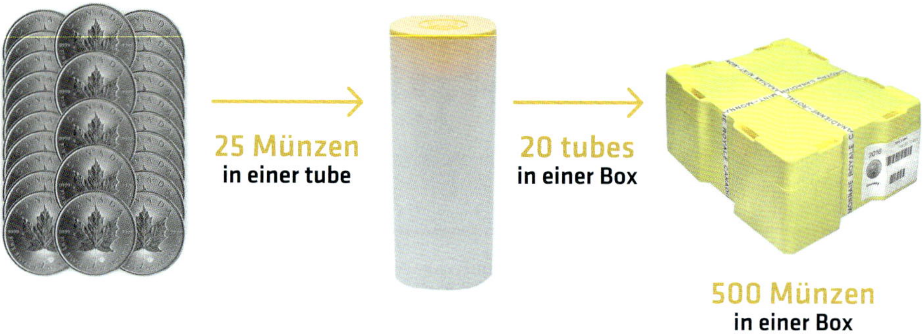


*Übliche Verpackungseinheiten von Silbermünzen*

Bei Silberunzen sind meist 25 Stück in einer tube und 20 tubes (also 500 Stück) in einer sogenannten *Masterbox*. Eine positive Ausnahme stellt das Silber-Känguru dar: Die *Masterbox* ist für 250 Münzen, also 10 *tubes*, ausgelegt.

*Baumwollhandschuhe schützen vor unliebsamen Fingerabdrücken.*

### Fingerabdrücke mit kostenlosen Baumwollhandschuhen vermeiden

Insbesondere Silbermünzen, aber auch Goldmünzen sind empfindlich: Um Fingerabdrücke zu vermeiden, empfiehlt es sich, Münzen nur mit Handschuhen anzufassen. Wir schenken Ihnen ein Paar speziell für das Anfassen von Münzen entwickelte Baumwollhandschuhe:
Als kleines Dankeschön dafür, dass Sie dieses Buch lesen, möchten wir Ihnen ein Paar unserer beliebten Baumwollhandschuhe schenken, die Ihre Barren und Münzen vor Fingerabdrücken schützen. Legen Sie sich diese unter

**www.goldsilbershop.de/zubehoer/baumwoll-handschuhe.html**

einfach in den Warenkorb und geben Sie im Warenkorb direkt unterhalb der Warenkorbpositionen den Gutscheincode ein.

Ihr Gutschein kann mit dem Code »IhreHandschuhe« eingelöst werden.

# 8 Anlagebarren

**Anlagebarren aus Gold oder Silber werden in vielen Gewichtseinheiten angeboten – von 1 g bis zu 400 Unzen, was circa 12,5 kg sind. Dies entspricht einem Gegenwert von etwa 600.000 €.**

Bei den Anlagebarren – egal ob Gold, Silber, Platin oder Palladium – gibt es, bedingt durch ihre unterschiedliche Herstellung, grundsätzlich zwei verschiedene Varianten:

- → Geprägte Barren, auch Prägebarren genannt
- → Gegossene Barren, auch Gussbarren genannt

Der geprägte Barren wird wie eine Münze hergestellt. Das heißt, von einem Rohling wird eine Scheibe ausgestanzt, auf die dann das Muster des Herstellers aufgeprägt wird. Dadurch besitzen diese Barren eine sehr hohe Abbildungsgenauigkeit und schärfere Kanten. Geprägte Barren werden üblicherweise in Gewichtseinheiten bis 100 g angeboten. Darüber hinaus sind Barren in der Regel gegossen.

### 100 g-Goldbarren

*Jeweils außen: Geprägte Barren; mittig: Gussbarren*

Beim gegossenen Barren wird das flüssige Metall in eine Form (in der Regel aus Sand) gegossen, die das gewünschte Muster abbildet und die entsprechende Größe hat. Diese Barren besitzen eine etwas geringere Abbildungsgenauigkeit und haben abgerundete Kanten.

Im Einkauf kosten die beiden Varianten meistens gleich viel. Geprägte Goldbarren sind jedoch deutlich beliebter als gegossene Barren, sodass ich – sofern es in der gewünschten Gewichtseinheit einen geprägten und einen gegossenen Barren gibt – den geprägten vorziehen würde.

Schauen wir uns zunächst die Goldbarren genauer an:

## 8.1 Goldbarren

Goldbarren gibt es in so ziemlich jeder Stückelung, angefangen von 1 g bis hin zu 400 Feinunzen, was circa 12,5 kg entspricht.

Der typische Barren für die Goldanlage bringt 100 g auf die Waage. Dieser wird sehr häufig geprägt und ist für die meisten Privatanleger noch erschwinglich (knapp 5.000 €, Stand 08/2021).

### C. Hafner

Goldbarren werden in der Regel in einer Blisterpackung oder Folie eingeschweißt angeboten. Die Blisterpackung ist zugleich ein Herstellerzertifikat. Goldbarren von C. Hafner befinden sich – unabhängig vom Gewicht – immer in einem sehr stabilen Blister. Der Blister ist darüber hinaus eine Sicherheitsverpackung: Versucht man diese zu öffnen, wird eine Versiegelung beschädigt und es erscheint ein Warnhinweis auf den ansonsten durchsichtigen Blisterteilen:

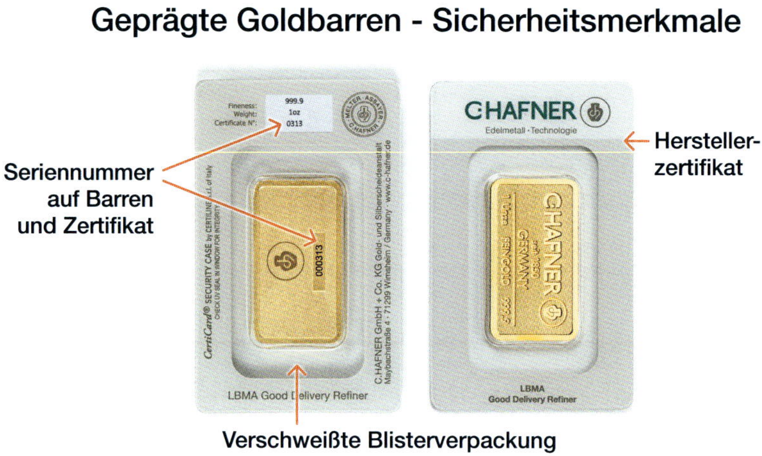


*Goldbarren von C. Hafner weisen überzeugende Sicherheitsmerkmale auf.*

Darüber hinaus überzeugen Barren von C. Hafner durch ihre Optik: Im Gegensatz zu anderen Herstellern ist die Oberfläche bei Prägebarren nicht glatt, sondern besteht aus vielen kleinen »Pyramiden«, die den Barren schön schimmern lassen.

Bei den Gussbarren ist die Oberfläche aufgeraut worden – so erhalten die Barren ein außergewöhnliches Erscheinungsbild.

Hinsichtlich Optik, Verpackung und Preis-Leistungs-Verhältnis sind Goldbarren von C. Hafner mein persönlicher Favorit und meine Empfehlung.

*Geprägter Goldbarren von C. Hafner*

*Gegossener Goldbarren von C. Hafner*

## Umicore

Eine ebenfalls empfehlenswerte Blisterpackung haben geprägte Goldbarren von Umicore. Als Sicherheitsmerkmal ist ein Hologramm auf der Rückseite der Verpackung angebracht. Gegebenenfalls von Nachteil könnte die etwas klobige Dimension des Blisters bei 50 und 100 g sein, wenn man die Barren möglichst platzsparend aufbewahren möchte.

*Goldbarren von Umicore im Blister*

Die glatte Rückseite der geprägten Barren ermöglicht es, dass man sich darin spiegeln kann. Umicore Goldbarren werden auch gerne verwendet, wenn man auf der Rückseite eine persönliche Gravur zum Verschenken des Barrens anbringen möchte. Sollten Sie dies tun wollen, setzen Sie dies bitte ausschließlich per Lasergravur um, da beim herkömmlichen Gravurverfahren Material aus dem Barren herausgefräst wird und der Barren dann ein bis zwei Gramm leichter wird.

Bei den gegossenen Barren von Umicore erkennen Sie ringförmige Muster auf den Barren:

*Gegossener Goldbarren von Umicore*

Hierbei handelt es sich um Erstarrungslinien, die entstehen, wenn das Gold nach dem Gießen in der Barrenform erkaltet – ähnlich, wie man es vom Puddingkochen kennt.

## Heraeus

Im Vergleich zu den Blistern von Umicore und C. Hafner werden geprägte Barren von Heraeus in einer wenig stabilen Verpackung ausgeliefert. Bei Stößen oder Fallenlassen reißt diese leider leicht. Optisch sehen sowohl die geprägten als auch die gegossenen Barren von Heraeus denen von Umicore ähnlich.

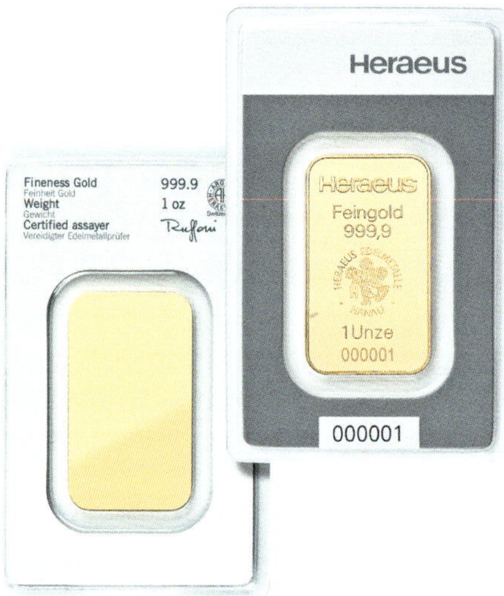


Hinsichtlich der Bekanntheit und damit auch Akzeptanz in Deutschland ist Heraeus die unangefochtene Nummer Eins und unter diesem Aspekt uneingeschränkt empfehlenswert.

*Goldbarren von Heraeus im Blister*

Eine ganz besondere Art von Goldbarren stammt ebenfalls aus dem Hause Heraeus bzw. Argor-Heraeus: sogenannte Kinebars. Auf der Rückseite dieser Kinebars befindet sich ein Holgramm, wie man es von Geldscheinen kennt, das als Sicherheitsmerkmal dient:

*Sicherheitsmerkmale von Kinebars*

*Kinebar mit Lipizzaner Hologramm*

Eine besonders schöne Variante dieser Kinebars sind die, auf denen ein Lipizzaner abgebildet ist. Das Pferd richtet sich je nach Kippwinkel auf und wieder ab:

Kinebars sind in der Regel aufgrund des Hologramms wenige Euro teurer als Barren ohne dieses Sicherheitsmerkmal.

## Valcambi

*Valcambi-Goldbarren im Blister*

Valcambi aus der Schweiz gehört zu den größten Barrenproduzenten der Welt. Zwar bietet das Unternehmen auch geprägte und gegossene Goldbarren an, international bekannt ist Valcambi allerdings für einen wahren Bestseller, den Combibar:

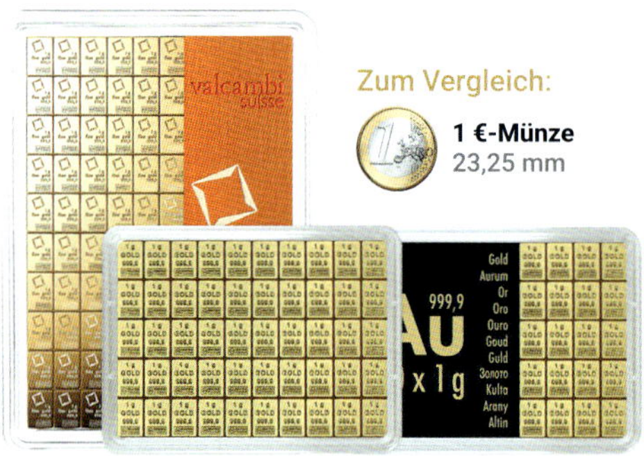


*Der Bestseller von Valcambi: Der Combibar*

Der Combibar ist insbesondere für den Krisenfall gedacht, wenn man möglichst kleine Stückelungen haben will: Man kann sich diesen wie eine Schokoladentafel vorstellen, von der man bei Bedarf ein Stückchen Gold abbrechen kann, um damit Waren oder Dienstleistungen zu bezahlen.

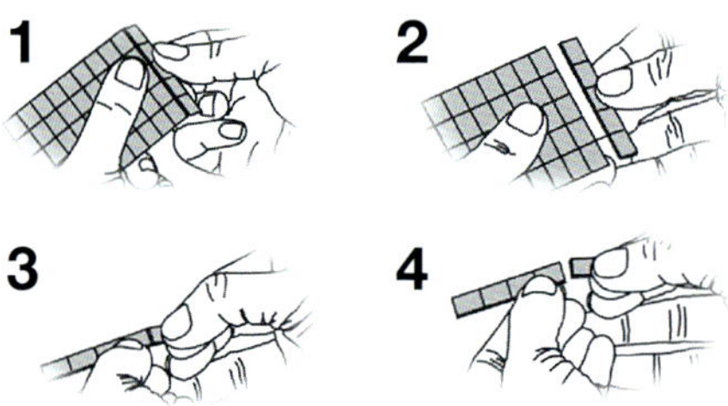


*So bricht man den Combibar in einzelne Barren.*

Den Combibar gibt es in verschiedenen Gewichtseinheiten von fünf Mal 1 g bis 100 Mal 1 g sowie neuerdings in einer Variante mit 100 Mal 0,5 g.

*Einzelner Teilbarren eines Combibars*

Die Besonderheit, den Combibar wie eine Tafel Schokolade brechen und teilen zu können, sorgt allerdings auch dafür, dass die Produktionskosten circa 3 % höher sind als bei normalen Barren. Dies ist aber mehr oder weniger ein reiner Mehraufwand an Liquidität, da man auch beim späteren Verkauf bei einem Combibar einen höheren Ankaufspreis bezahlt bekommt.

Doch welchen Vorteil hat dies konkret?

Der große Nutzen des Combibars ist der Preisvorteil, den er bietet, wenn man ihn, anstatt viele kleine Goldbarren, als Krisenvorsorge kauft. Man spart so circa 15 %:

## 1 g-Barren sind sehr teuer

| Bezeichnung | 1 g-Goldbarren | Heraeus MultiDisc | 1/10 oz Maple Leaf | Maple-gram 25 | 50 x 1 g-Combibar | 50 g-Goldbarren |
|---|---|---|---|---|---|---|
| **Preis** | **60,46 €** | **561,55 €** | **171,91 €** | **1.380,98 €** | **2.542,51 €** | **2.459,24 €** |
| **Feingewicht** | **1 g** | **10 g** | **3,11 g** | **25 g** | **50 g** | **50 g** |
| **Preis pro Gramm** | **60,46 €** | **56,16 €** | **55,28 €** | **55,24 €** | **50,85 €** | **49,18 €** |
| **Ersparnis gegenüber 1 g-Goldbarren** | - | 7,10 % | 8,29 % | 8,63 % | 15,89 % | 18,66 % |

Stand: 04.05.2021

*Lieber keine kleinen Barren kaufen!*

Gegenüber anderen kleinen Barren und Münzen bietet der Combibar den günstigsten Preis pro Gramm.

Eine Übersicht aller Combibar-Varianten finden Sie unter:
**www.goldsilbershop.de/combibar.html**

## 8.2 Weitere Goldbarren-Hersteller

Die zuvor genannten sind die beliebtesten Goldbarren und sollten daher auch Ihre erste Wahl sein, wenn Sie sich für eine Kapitalanlage in Barren entschieden haben.

Dennoch gibt es weitere Hersteller, die erwähnenswert sind und deren Barren ich ebenfalls zum Kauf empfehlen kann:

### Heimerle + Meule

Obwohl Heimerle + Meule die älteste deutsche Scheideanstalt ist, stehen ihre Goldbarren erst seit Kurzem im Fokus der Anleger. Hinsichtlich Handelbarkeit sind Barren des Pforzheimer Traditionsunternehmens zurzeit noch nur eingeschränkt empfehlenswert. Ich denke, dass sich dies in den nächsten Jahren aber ändern wird. Möchten Sie also einen Goldbarren eines geschichtsträchtigen Unternehmens in den Händen halten, der zudem in einem soliden Blister verpackt ist, sind diese Barren durchaus empfehlenswert.

*Goldbarren von Heimerle + Meule*

*Verschiedene Barren von Heimerle + Meule in Aufbewahrungsboxen*

Besonders punkten kann Heimerle + Meule mit verschiedenen Lösungen, wenn man als Alternative oder Ergänzung zum zuvor genannten Combibar in kleine Goldbarren investieren möchte.

Das Unternehmen stellt in verschiedenen Formaten/Gewichtseinheiten Sets von kleinen Goldbarren zu günstigen Preisen her.

Mehr Details zu den verschiedenen kleinen Goldbarren verschiedener Hersteller finden Sie unter:
**www.goldsilbershop.de/kleine-goldbarren.html**

## PAMP

Die Produits Artistiques Métaux Précieux, kurz PAMP, ist eines der weltweit führenden Unternehmen in der Edelmetall-Produktion und -Veredelung.

Die Barren befinden sich in einer Blisterverpackung, ähnlich der, die man von C. Hafner kennt. Sie haben aber eine Besonderheit: PAMP geht einen völlig anderen Weg, um Käufer vor Fälschungen zu schützen:

Auf der Blisterpackung finden Sie einen QR-Code, den Sie mit der kostenfreien VeriScan-App scannen können. Anschließend scannen Sie den Barren mit der App: Jeder Barren ist so einzigartig wie ein Fingerabdruck – PAMP hat von jedem Barren unmittelbar nach der Prägung ein digitales Abbild dieses »Fingerabdrucks« in einer Datenbank abgespeichert.

*PAMP-Golbarren mit QR-Code für VeriScan-App*

Die App gleicht dieses digitale Abbild ab und bestätigt dann, dass dieser Barren echt ist.

Ein Video, das die Funktionsweise der App näher vorstellt, finden Sie unter **www.goldsilbershop.de/pamp-goldbarren.html.**

Einen kleinen Wehmutstropfen haben Goldbarren von PAMP: Sie sind meist (wenige) Euro teurer als die Barren anderer Hersteller und die VeriScan-App steht lediglich für iPhones zur Verfügung.

## Perth Mint

Deutlich weniger verbreitet in Deutschland sind Goldbarren der Perth Mint – die größte Prägestätte weltweit. Optisch ansprechend sind die Kängurus auf der Rückseite:

*Kängurus auf Perth Mint Barren*

Leider kursieren auf Onlinemarktplätzen viele Fälschungen dieser Barren. Aus diesem Grunde rate ich Ihnen dringend dazu, Perth Mint Goldbarren ausschließlich bei einem renommierten Edelmetallhändler zu kaufen.

Nachfolgend ein Hinweis, woran Sie diese Fälschungen erkennen können:

## Vorsicht vor gefälschten Perth Mint Goldbarren

**Fälschung** **Original**

**Sie erkennen beim Überprüfen folgende Abweichungen:**

1. Der Barren wurde in einer am Rand auffällig zusammengeschweißten Plastikpackung verpackt, statt im fast randlosen Plastikblister.
2. Das Aussehen der Barrennummer weicht ab und beginnt nicht mit einem B.
3. Das Original-Zertifikat hat das Perth Mint Logo, den Schwan, im Hintergrund. Die Fälschung ist komplett schwarz.
4. Der aufgedruckte Text am unteren Rand der Vorderseite weicht ab.

### Rand Refinery

Anstatt Kängurus kann man auf der Rückseite der Goldbarren der Rand Refinery aus Süd-Afrika Elefanten bestaunen:

Leider haben auch an diesen Goldbarren Fälscher Gefallen gefunden, sodass hier derselbe Rat gilt wie für die Barren der Perth Mint.

Ich hoffe sehr, dass die beiden Hersteller diesen für sie rufschädigenden Missstand beseitigen und ihre Barren mit besseren Sicherheitsmerkmalen ausstatten.

*Elefanten auf Rand Refinery Goldbarren*

**Barren nicht aus Blister holen**

Wenn ein Barren in einem nicht wieder verschließbaren Blister oder in einer Folie verpackt ist, sollten Sie ihn nicht aus dieser Verpackung herausholen: Dies kann sich bei einem späteren Wiederverkauf mit circa 3 % leicht wertmindernd auswirken, da in der Regel Barren in unversehrten Verpackungen bevorzugt werden.

## 8.3 Silberbarren und Münzbarren

Während es bei Goldbarren eher darauf ankommt, welchen Hersteller und welche Optik man bevorzugt, sollte bei Silber die Besteuerung an erster Stelle stehen:

### Silber immer differenzbesteuert kaufen

Silber genießt leider nicht dieselbe attraktive Besteuerung wie Gold, zumindest in Deutschland. In einigen anderen Ländern jedoch wird die Besteuerung von Silber vom Finanzamt ebenso gehandhabt wie Gold. Zwar gilt beim Silberverkauf, wie auch beim Verkauf von Gold, dass nach einer Haltedauer von mindestens einem Jahr keinerlei Steuern anfallen, beim Kauf können aber schnell bis zu 12 % vermeidbare Kosten in Form von Steuern anfallen:

Beim Kauf von Silber wird in Deutschland üblicherweise eine Mehrwertsteuer in Höhe von 19 % fällig. Es gibt jedoch eine legale Möglichkeit für Edelmetallhändler, diese Steuerlast für den Kunden deutlich zu reduzieren, nämlich indem er von der Möglichkeit der Differenzbesteuerung Gebrauch macht. Dies kann man als Händler dann tun, wenn man Münzbarren oder Silbermünzen aus einem Nicht-EU-Land importiert oder von einer Privatperson ankauft.

Die Anwendung der Differenzbesteuerung sorgt dafür, dass ein Münzbarren bis zu 12 % günstiger ist als ein Silberbarren derselben Gewichtsklasse.

**Anlagebetrag: 10.000 €**
investiert in Silbermünzen

Preis pro Feinunze inkl. Steuern
**27,76 € ⟶ + 11,1 % ⟶ 30,62 €**

**360,23**
**Feinunzen Silber**
differenzbesteuert

**nur noch 326,63**
**Feinunzen Silber**
mit 19 % MwSt.

Stand: 04.05.2021

*Merke: Nur differenzbesteuerte Silbermünzen kaufen!*

Auch bei differenzbesteuerten Silbermünzen können Sie gegenüber mit 19 % Mehrwertsteuer gekauften Silbermünzen erheblich sparen, wie dieses Beispiel zeigt: Bei einem Anlagebetrag von 10.000 € erhalten Sie dank Differenzbesteuerung über 30 Unzen mehr Silber.

Die meisten Händler bieten ihre Münzen differenzbesteuert an. Wachsam sollten Sie bei Silbermünzen sein, deren Stückpreis bei mehr als 500 € liegt: In diesem Fall ist die Differenzbesteuerung etwas aufwendiger und mancher Händler ist nicht so kundenorientiert, dass er bereit ist, dafür diesen Mehraufwand zu erbringen.

***Merke: Kaufen Sie niemals Silber zum regulären Mehrwertsteuersatz von 19 %.***

Wenn man sich für den Kauf von Silber in Barrenform entscheidet, sollte man immer Münzbarren bevorzugen:

Der Münzbarren ist eine Sondervariante des Silberbarrens. Barren haben in der Regel keinen aufgeprägten Nennwert wie etwa eine Münze. Der Münzbarren hingegen schon und damit ist er, wie die Edelmetallmünze, ein anerkanntes Zahlungsmittel:

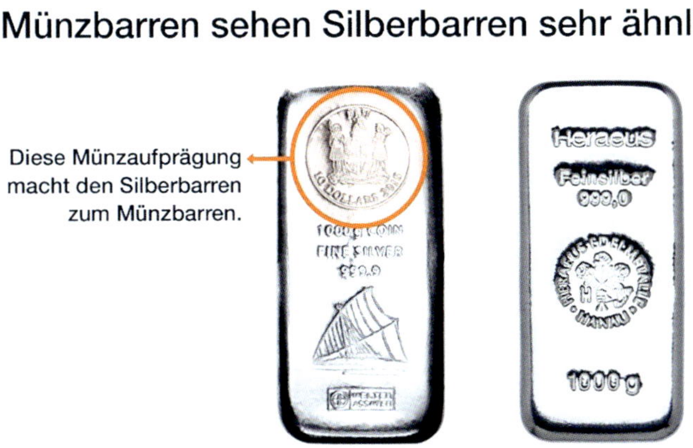


*Erkennungsmerkmal eines Münzbarrens*

Münzbarren gibt es ab einer Feinunze aufwärts bis zu 15 kg in verschiedenen Gewichtsklassen:

- → 1 Unze
- → 100 g
- → 250 g
- → 500 g
- → 1 kg
- → 100 Unzen
- → 5 kg
- → 15 kg

Teils sind sie aufwendig gestaltet, wie man anhand des Drachen-Münzbarrens der Perth Mint zu einer Unze sehen kann:

*Münzbarren der Perth Mint mit jährlich wechselndem Drachenmotiv*

Dank den Gewichtseinheiten weit jenseits von einer Feinunze stellen Münzbarren die, bezogen auf den Grammpreis, preisgünstigste Variante dar, in Silber zu investieren. Lediglich wenn Sie den Kauf mit der Lagerung in einem Zollfreilager kombinieren, können Sie noch mehr Steuern sparen. Mehr dazu im Kapitel zur Lagerung von Edelmetallen.

***Münzbarren werden nur von wenigen Herstellern produziert, da sie quasi ausschließlich für das Einsparen der deutschen Mehrwertsteuer konzipiert wurden.***

Die am weitesten verbreiteten Münzbarren sind die Fiji-Islands-Münzbarren, die von Argor-Heraeus bis 250 g geprägt und ab 500 g gegossen werden:

*Verschiedene Münzbarren im Vergleich*

Ebenfalls häufig angeboten werden Cook Islands Münzbarren, die ebenfalls von Argor-Heraeus, aber auch von anderen Herstellern wie Heimerle + Meule hergestellt werden. Münzbarren liegt oftmals ein Herstellerzertifikat bei und sind teilweise in Blistern verpackt.

Auch aus Silber gibt es Combibars. Es gibt sie sogar als differenzbesteuerte Variante, sogenannte Combicoins. Ich rate jedoch ausdrücklich vom Kauf dieser Produkte ab:

## Keine Combibars oder Combicoins kaufen

| | | | | |
|---|---|---|---|---|
| | 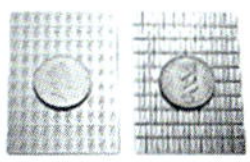 |  |  |  |
| **Bezeichnung** | 100 x 1 g Combicoin Silber-Münztafel | 1/4 Unze Silber Armenien Arche Noah | 1/2 Unze Silber Armenien Arche Noah | 1 Unze Silber Maple Leaf |
| **Preis** | **135,49 €** | **8,95 €** | **17,45 €** | **27,76 €** |
| **Feingewicht** | 100 Gramm | 1/4 oz (7,8 g) | 1/2 oz (15,6 g) | 1 oz (31,1 g) |
| **Preis pro Gramm** | **1,35 €** | **1,15 €** | **1,12 €** | **0,89 €** |
| **Ersparnis** | - | 15 % | 17 % | 34 % |

Stand: 10.04.2021

*Merke: Keine Silber-Combibars und -coins kaufen!*

Bezogen auf den Preis pro Gramm sind sie unverhältnismäßig teuer, wie dieser Vergleich mit einer viertel, halben und ganzen Unze Silber zeigt.

# 9 So kauft man Edelmetalle

**Nachdem Sie die bekanntesten und empfehlenswerten Barren und Münzen kennengelernt haben, erfahren Sie nun, worauf Sie beim Kauf achten sollten.**

Ein häufig diskutiertes Thema ist der richtige Kauf von Gold und Silber. Grundsätzlich gibt es hierbei weder ein klares »Richtig« noch ein »Falsch«. Es kommt häufig auf die persönliche Lage und die individuellen Präferenzen an.

Dieses Kapitel befasst sich deshalb mit den verschiedenen Formen von Edelmetallbesitz und den Möglichkeiten, diesen zu erwerben. Dazu werfen wir erst einmal einen Blick auf die verschiedenen Formen, in denen Anleger in Deutschland am liebsten Gold und Silber kaufen.

Der Besitz von Edelmetallen in Form von Schmuck zählt sicherlich nur bedingt zum Bereich der Geldanlage hinzu. Nichtsdestotrotz lässt sich ein eindeutiges Bild erkennen: Die Privatanleger bevorzugen die physische Form im Gegensatz zur Papierform.

Ich war selbst positiv überrascht über den hohen physischen Anteil. Dieser ist sogar aller Vorausicht nach in Wahrheit noch einmal deutlich höher als in dieser Statistik dargestellt. Schließlich dürfte ein Großteil des Goldes und Silbers, das im anonymen Tafelgeschäft erworben wurde, kaum in dieser Auswertung erfasst sein. Das ist eine der wenigen positiven Momentaufnahmen der Geldanlage privater Haushalte in Deutschland.

Eine weitere Auffälligkeit ist, dass der Silberanteil im Verhältnis zu Gold bei der Anlage in Wertpapiere deutlich höher ist als bei der physischen. Dies ist darauf zurückzuführen, dass die Lagerung von physischem Silber deutlich aufwendiger ist als von Gold. Diesen Aufwand wollen scheinbar einige vermeiden, und das ist sicherlich auch völlig verständlich.

## 9.1 Edelmetalle auf dem Papier

Der grundlegende und offensichtlichste Unterschied zwischen physischen Gold und dem in Papierform ist den meisten Anlegern sicherlich klar: Das eine kann man anfassen, das andere eben nicht. Das mag für den einen ein Nachteil sein, da verständlicherweise viele die »Sicherheit« des Goldes nur dann spüren können, wenn sie es tatsächlich in den Händen halten. Für andere wiederum ist es einfach ein großer Spaß, die eigenen Edelmetallbestände regelmäßig zu bestaunen. Und wieder andere Menschen empfinden die deutlich einfachere Lagerung in Form von Wertpapieren als großen Vorteil, der gegen den Kauf von physischen Edelmetallen spricht.

Den Krisenschutz kann das Papiergold allerdings nicht in voller Ausprägung mit sich bringen. Zwar steigen in aller Regel in ökonomischen und gesellschaftlichen Krisen auch die Preise für Papiergold. Allerdings lässt sich dieses in einer tiefen Krise, in der die Währung und/oder die Wirtschaft komplett am Boden liegen, nicht verwenden, um sich davon Nahrungsmittel oder andere Güter zu kaufen.

Letztlich gibt es noch eine Differenzierung bezüglich der steuerlichen Betrachtung. Edelmetallanlagen, die in Papierform gehandelt werden, unterliegen – je nach Ausgestaltung – nicht der Besteuerung für Sachwerte, sondern der für Wertpapiere.

Sämtliche Varianten für die Goldanlage, die im Folgenden vorgestellt werden, lassen sich (wie jedes andere Wertpapier auch) an den Börsen handeln und in einem Depot lagern.

### Zertifikate/Derivate

Am weitesten verbreitet ist Papiergold in Form von Derivaten und Zertifikaten. Grundsätzlich sind dies aber Finanzprodukte, die tendenziell weniger für Privatinvestoren mit langfristigem Anlagehorizont geeignet sind.

Diese Wertpapiere sind meist mit einem Hebel auf die Edelmetallpreisentwicklung versehen. Damit können Anleger auf kurzfristige Sicht spekulieren, um so bei einer richtigen Prognose gehebelt zu partizipieren. Leider gilt das auch in umgekehrter Richtung, wenn der Käufer eines Finanzderivates mit seiner Annahme über die künftigen Ereignisse an den Märkten falsch liegt.

Wer an einer kurzfristigen Spekulation Interesse hat, kann sicherlich den einen oder anderen erfolgreichen Handel mithilfe eines solchen gehebelten Produkts durchführen. Allerdings müssen hier zwei Dinge gesondert beachtet werden:

Erstens handelt es sich nicht um einen Sachwert, sondern um eine Schuldverschreibung. Die Papiere werden von einer Bank oder einem anderen Finanzdienstleister ausgegeben. Dieser bezahlt dem Anleger dann beim Verkauf, wenn er dies nicht über die Börse vollzieht, auch den aktuellen Wert abzüglich der Differenz zwischen Brief- und Geldkurs.

Somit hat diese Investition ein »Emittentenrisiko«. Das bedeutet, dass im Falle einer Pleite der Bank oder des Finanzdienstleisters auch dessen herausgegebene Finanzprodukte wertlos werden, und zwar völlig unabhängig davon, ob der aktuelle Besitzer des Zertifikates mit seiner Einschätzung des Marktes richtig oder falsch liegt.

Weiterhin handelt es sich nicht um einen Sachwert und im Falle eines Zusammenbruchs der entsprechenden Währung, in der das Papier emittiert wurde, bleibt der Anleger ebenfalls auf seinen Verlusten sitzen.

Zweitens sollte bedacht werden, dass auch Finanzderivate auf Edelmetalle besteuert werden, wie auch jedes andere Wertpapier. Heißt de facto: Auf Gewinne werden 25 % Abgeltungssteuer plus 5,5 % Soli und eventuell Kirchensteuer fällig. Im Maximum hat der Anleger eine Steuerlast von 27,99 % auf die erzielten Gewinne zu bezahlen. Verluste mit anderen Wertpapieren können gegengerechnet werden.

Zertifikate und Derivate sind also nur für solche Anleger geeignet, die sich tagtäglich mit den Märkten beschäftigen und auch dazu bereit sind, sehr hohe Verluste in Kauf zu nehmen.

## ETFs

ETFs erfreuen sich seit einigen Jahren schon fast inflationärer Nachfrage an den Finanzmärkten. Immer mehr Geld fließt von Vermögensverwaltern, Pensionsfonds und Privatanlegern in die börsengehandelten Indexfonds. Die allermeisten sind auf Basis von Anleihen und Aktien erstellt.

Seit wenigen Jahren gibt es allerdings auch ETFs auf der Basis von Edelmetallen. Diese sind in Deutschland jedoch nicht zum aktiven Vertrieb zugelassen. Teilweise sind sie aber über ausländische Börsenplätze kaufbar, wodurch im Vergleich zu einer Inlandsorder höhere Transaktionsgebühren anfallen. Ebenso trifft die Anleger eine Verwaltungsgebühr, die zumeist einen Wert von einem halben Prozentpunkt aufweist.

Grundsätzlich dienen Gold-ETFs der langfristigen Vermögensanlage. Sie sollen allerdings gegenüber dem physischen Gold den Vorteil mit sich bringen, dass sie sich börsentäglich handeln lassen und somit eine äußerst liquide Investition sind.

Man darf sie dennoch nicht als Äquivalent zum physischen Gold ansehen. Schließlich sind die ETFs teilweise nicht komplett mit physischem Gold hinterlegt: Das bedeutet für den Privatanleger, dass beim Rest, der über zuvor genannte Derivate abgebildet wird, meistens ein Emittentenrisiko zwischen 10 und 30 % des Anlagebetrages vorhanden ist und dieser Anteil im Pleitefall des Finanzdienstleisters verloren geht. Garantiert ist definitiv auch nicht, dass in einem solchen Fall dem Anleger das physisch hinterlegte Gold erhalten bleibt.

Man zahlt also schlichtweg eine Art »Risikoaufschlag« für diese praktische und unkomplizierte Möglichkeit, in Edelmetalle zu investieren.

Aufgrund des vorhandenen (wenn auch geringen) Ausfallrisikos ist es für Anleger ratsam, bei den ETFs auf mit 100 % physischem Gold hinterlegte Lösungen zu setzen.

Eine weitere Achillesverse ist, dass die ETFs zwar teilweise eine Auslieferungsmöglichkeit von Barren anbieten, sich dies in der Praxis jedoch schwierig gestaltet, da:

- ... es ein enorm großer Aufwand für die beteiligten Banken ist, die Fondsanteile gegen Barren einzutauschen.
- ... der ETF große 400 Unzen-Barren mit einem Wert von weit jenseits einer halben Million Euro Stück im Bestand hat – quasi eine für Privatanleger ungeeignete, da unerschwingliche Gewichtseinheit.
- ... für Auslieferungen intransparente und teils hohe Aushändigungskosten entstehen.

## ETCs

ETCs für Gold werden unter anderem von zwei großen Börsen in Deutschland herausgegeben und erfreuen sich schon lange einer hohen Nachfrage vonseiten der Privatanleger. Bei einem ETC handelt es sich sozusagen um eine Mischung aus der physischen und nicht-physischen Investition. Steuerlich gilt nämlich dieselbe Betrachtung wie bei physischen Edelmetallen. Sprich: Die Gewinne sind bei einer Veräußerung nach zwölf Monaten komplett steuerfrei.

Des Weiteren steckt hinter dem ETC tatsächlich physisches Gold, das eingelagert wird. Der Gold-ETC ist somit eine Inhaberschuldverschreibung, die von der Börse an den Anleger weitergegeben wird, mit der dieser sozusagen das Besitzrecht an dem jeweiligen Gold hat. Mit dem Kauf sichert sich der Anleger zudem sogar ein Auslieferungsrecht. Das bedeutet, er kann (gegen eine Gebühr) das physische Gold nach Hause liefern lassen. Das Wertpapier verfällt somit wertlos. Zusätzlich fällt eine jährliche Gebühr für die Verwahrung an.

Ziel ist es also, dadurch die Vorteile der physischen und nicht-physischen Anlage in Gold zu kombinieren. Sicherlich ist das eine interessante Idee und auch für viele Privatanleger zweckmäßig.

Allen voran zur Absicherung von Aktiendepots wird das Xetra-Gold gerne verwendet und es eignet sich auch zweifelsohne sehr gut dazu. Schließlich bietet es die steuerlich attraktive Variante, um in der unkomplizierten Papiergoldanlage zu investieren.

Als risikolose physische Anlage, auch wenn hinterlegtes Gold vorhanden ist, kann man es sicherlich nicht bezeichnen: Da es sich bei einem ETC um ein Zertifikat bzw. eine Inhaberschuldverschreibung handelt, trägt man das Emittentenrisiko. Im Falle einer Insolvenz wird man aus der Insolvenzmasse bedient und könnte folglich weniger erhalten als den Gegenwert der gekauften Edelmetalle.

Darüber hinaus bestehen in Bezug auf die physische Herausgabe ähnliche Hürden, wie sie bei den ETFs bereits beschrieben wurden.

## Goldminenaktien

Eine indirekte und einfach zu handelnde Partizipation am Goldpreis, die dennoch den Charakter eines Sachwertes hat, ist die Investition in Goldminenaktien. Das ist der Überbegriff für sämtliche Aktiengesellschaften, deren primäre operative Tätigkeit die Förderung von Edelmetallen ist. Grundsätzlich kann ich vorwegnehmen, dass die Investition in Aktien sicherlich die attraktivste Variante ist, um in nicht physischer Form in Edelmetalle Geld anzulegen.

Den negativen Aspekt des nicht vorhandenen Cashflows bei der Edelmetallinvestition können die Goldminenaktien ausmerzen. Schließlich gibt es bei Aktiengesellschaften bei guter operativer Entwicklung eine Dividende für die Anteilseigner.

Den No-Brainer-Charakter eines direkten Edelmetallinvestments hat die Investition in Goldminenaktien allerdings nicht:

Diese Unternehmen sind stark von der Preisentwicklung der geförderten Rohstoffe abhängig und deren Aktienkursentwicklung spiegelt eine Hebelwirkung nach oben, wie auch nach unten auf die Preisentwicklung von Gold und Silber wider: Steigt der Edelmetallpreis, steigen die Kurse von Minenaktien meist überproportional. Bei fallenden Edelmetallpreisen fallen dafür die Kursverluste von Minenaktien deutlich stärker.

Ein zweiter großer Einflussfaktor für die Profitabilität der gesamten Branche ist der Ölpreis. Den größten Anteil der Förderungskosten von Edelmetallen machen Produkte auf Erdölbasis aus, allen voran Diesel. Bekanntermaßen unterliegt der Ölmarkt größeren Schwankungen. Die grundsätzliche langfristige Richtung des Preises, ausgenommen im Ölpreisschock 2020, zeigte in den vergangenen Jahren stets nach oben.

Für Aktionäre von Goldminen ist es also unumgänglich, die Entwicklung der Edelmetall- und Ölpreise zu verfolgen.

Allerdings ist eine Unternehmensanalyse, wie sie in der allgemeinen Aktienanlage üblich ist, auch hier nötig, um kalkulierbare Risiken einzugehen. Apropos Risiko: Dieses ist bei der Investition in Goldminenaktien definitiv höher als bei direkten physischen Investitionen. Die Schwankungen sind aufgrund der Hebelwirkung deutlich höher und die Möglichkeit eines Totalverlustes ist bei einer Aktieninvestition jederzeit real. Dieses Risiko lässt sich allerdings in einem überschaubaren Umfang durch die Analyse der jeweiligen Aktien auf ein niedrigeres Niveau herunterbrechen.

Grundsätzlich sollten Anleger, die sich für eine Investition in Goldminenaktien entscheiden, über Erfahrung mit direkten Aktieninvestitionen verfügen. Im Folgenden werde ich einige Kennzahlen vorstellen, die man insbesondere bei Aktien aus dieser Branche beachten sollte.

Die wohl wichtigste Kennzahl im Vergleich der einzelnen Unternehmen sind die Produktionskosten je Unze Gold. Diese schwanken gerade aufgrund der Abhängigkeit vom Ölpreis. Generell liegen die Edelmetallkurse meistens über den niedrigsten Herstellungskosten der Branche. Schließlich kann ein Unternehmen langfristig nur bestehen, wenn es seine Produkte teurer verkauft als sie in der Herstellung kosten. Grundsätzlich gilt hier das Prinzip der Economy of Scale. Sprich: Die größten Produzenten haben meistens auch die niedrigsten Kosten. Die Goldminenunternehmen weisen diese Kosten mindestens einmal im Jahr mit dem Geschäftsbericht aus, manche sogar vierteljährlich in den Quartalsberichten.

Darüber hinaus spielt die Eigenkapitalquote eine wichtige Rolle. Diese gibt an, wie viel des eingesetzten Gesamtkapitals des Unternehmens aus Eigenkapital bereitgestellt wird. Je höher diese Quote ist, desto besser, denn dann ist automatisch das Fremdkapital niedriger. Und was ist Fremdkapital de facto? Nichts anderes als Schulden, demgemäß Kredite, ausgegebene Anleihen, ausstehende Zahlungsverpflichtungen.

Aktiengesellschaften, die nur eine sehr geringe Eigenkapitalquote haben, geraten in Zeiten steigender bzw. sehr hoher Zinsen sehr schnell in finanzielle Schieflage. Wenn man so viel Fremdkapital für das Führen des Geschäftsbetriebes benötigt, haben die laufenden Kosten (Zinsen) für das Kapital eine entsprechend große Bedeutung und steigen rapide an. Zudem ist ein Unternehmen mit sehr viel Fremdkapital weniger flexibel beim Einsetzen der finanziellen Mittel als eines mit viel Eigenkapital. Ein weiterer Aspekt, der einen hohen Eigenkapitalbedarf nach sich zieht, ist die Gefahr von temporären Goldpreisen unterhalb der Produktionskosten. Bei einem solchen Szenario kann ein Unternehmen nicht einfach die Produktion einstellen. Es muss weiterproduziert werden, um Cashflows zu generieren, mithilfe derer laufende Kosten wie Gehälter, Mieten und Zinszahlungen beglichen werden.

Solche Extremphasen kommen zwar selten vor und sind nur von kurzer Dauer, wenn jedoch das Finanzpolster des Unternehmens zu gering ist, wird es solche Phasen nicht überleben können. Aus diesen Gründen sollte die Eigenkapitalquote mindestens 40 % betragen.

Natürlich ist es auch bei Goldminenaktien sinnvoll, klassische Bewertungskennzahlen wie KGV, KCV, KUV, PEG usw. anzuwenden. Die Erfahrung hat jedoch gezeigt, dass diese Kennzahlen bei Goldminenunternehmen für die Kursentwicklung nur eine untergeordnete Rolle spielen. Wie bereits erwähnt, sind hier die entscheidenden Faktoren: Goldpreis, Ölpreis, Förderkosten und Solvenz der Aktiengesellschaft.

Eine allzeit präsente Gefahr, auf die Privatanleger leider immer wieder reinfallen, stellen die Aktien der sogenannten Goldexplorer dar. Diese Unternehmen fördern keine Edelmetalle, sondern sind noch mit der Erschließung einer oder mehrerer Minen beschäftigt. Man würde davon ausgehen, dass sich hier für Anleger gute Chancen auf großen Reichtum bieten, wenn das Unternehmen im wahrsten Sinne des Wortes auf eine Goldader stößt. Doch weit gefehlt: Bei nahezu allen solchen Aktiengesellschaften handelt es sich um Schneeballsysteme. In Wirklichkeit existiert kein Unternehmen. Stattdessen gibt es ein paar Scharlatane, die eine fiktive Firma erschaffen, um dann deren Aktien immer wieder an weitere Kleinanleger zu verkaufen und so den Kurs hochzutreiben. Haben die Kurse einen so hohen Wert erreicht, dass die Hintermänner ausgesorgt haben, stoßen sie ihre Aktien ab, der Schwindel fällt auf und das Kartenhaus bricht in sich zusammen. Solche Praktiken sind natürlich illegal. Dennoch gelingt es diesen findigen Geschäftsleuten immer wieder, ungeschoren davonzukommen. Selbst wenn solche Machenschaften aufgedeckt werden, braucht der Privatanleger sich gar nicht erst die Hoffnung zu machen, jemals wieder etwas von seinem Geld zu sehen.

Daher ist es für Privatanleger ratsam, sich an die schon lange existenten Goldminenaktien zu halten, die auch schon die eine oder andere Krise überlebt haben. In der folgenden Liste führe ich einige Unternehmen der Branche auf, die schon lange im Edelmetallgeschäft tätig sind. Grundsätzlich handelt es sich hier nicht um Empfehlungen, sondern lediglich um eine Information. Jeder Anleger sollte selbst eine Analyse der einzelnen Aktien durchführen, um dann eine eigene, fundierte Entscheidung zu treffen.

## Auswahl an börsennotierten Goldminenaktien

| Aktiengesellschaft | Börsenwert in Mio. € | Info |
|---|---|---|
| **AngloGold Ashanti** | 11.160 | größter afrikanischer Edelmetallproduzent |
| **Barrick Gold** | 46.880 | zweitgrößter Goldproduzent, einer der größten Kupferförderer, plus Tochter in Öl-Industrie |
| **Franco-Nevada** | 26.370 | nahezu schuldenfrei |
| **Kinross Gold** | 8.930 | sehr solide Bilanz |
| **Newmont Mining** | 52.900 | größter Goldproduzent, Silber, Kupfer und Zink werden ebenso gefördert |
| **B2Gold** | 5.270 | reiner Goldproduzent |
| **Equinox Gold** | 1.450 | reiner Goldproduzent |
| **MAG Silver** | 765 | reiner Silberproduzent |
| **Rio Tinto** | 55.950 | größter Rohstoffproduzent, Edelmetalle und Diamanten machen einen kleinen Umsatzanteil aus |
| **Pan American Silver** | 4.490 | Fokus auf Silber und Diamanten |

## 9.2 Physische Edelmetalle

Die physischen Edelmetalle wurden in diesem Buch schon des Öfteren angesprochen, und es wurde zwischen verschiedenen Münzen und Barren differenziert. Hat man sich als Anleger doch für den Kauf von echtem Gold und Silber zum Anfassen entschieden, so kann man dies nun auf verschiedene Weisen tun:

- → bei der Hausbank
- → bei einem Juwelier bzw. Goldankäufer oder Pfandhaus
- → bei einem Edelmetallhändler
- → in einem Onlineshop
- → auf Onlinemarktplätzen wie ebay, Amazon & Co.

Jede Variante hat ihre Vor- und Nachteile, die ich Ihnen im Folgenden näher erläutern möchte. Darüber hinaus – und das ist viel wichtiger – möchte ich Ihnen wichtige Hinweise geben, worauf Sie achten sollten, bevor Sie sich für eine entscheiden:

### Hausbank

Statistisch gesehen ist die Bank die Bezugsquelle, die Edelmetallkäufer am häufigsten wählen – zumindest wenn sie erstmalig kaufen. Für einen Kauf bei der persönlichen Hausbank spricht das hohe Vertrauen, das man über die Jahre zur Hausbank aufgebaut hat. Für Neueinsteiger, die noch nie Edelmetalle in der Hand hielten und auch keinen guten Freund haben, den sie zum Kauf mitnehmen möchten, ist es daher meist naheliegend, die erste eigene Transaktion bei der Hausbank oder einer anderen seriösen Bank zu tätigen.

Leider haben viele Banken heute keine Edelmetallvorräte mehr und müssen die gewünschten Barren und Münzen bestellen. Es gibt aber noch einen weiteren Nachteil, den ich schon oft selbst beobachten konnte und der mir auch von Kunden berichtet wird: Kaum eine Bank hat heute noch einen wirklich fachkundigen Berater, der sich mit Edelmetallen auskennt. Machen Sie doch einmal selbst den Test:

Stellen Sie Ihrem Bankberater ein paar Fachfragen zu den vorgestellten Barren und Münzen: Ist er sattelfest hinsichtlich der Unterschiede zwischen (zum Beispiel) Maple Leaf und Krügerrand? Kann er Ihnen erklären, was ein Münzbarren ist und welche Vorzüge dieser hat?

Meist werden Sie feststellen, dass Ihr Berater einen ganzen Bauchladen von Finanzprodukten im Repertoire hat und aufgrund dieser Produktfülle meist nur ein oberflächliches Edelmetallwissen hat. Falls er Ihnen Rede und Antwort stehen kann, dann herzlichen Glückwunsch: Sie gehören zu den wenigen Bankkunden, die noch einen echten Edelmetallspezialisten als Ansprechpartner haben. Nutzen Sie diese Seltenheit!

## Juwelier, Goldankäufer oder Pfandhaus

Zweifelsohne können Sie bei einem Juwelier jede Menge Dinge aus Gold und Silber erwerben. Dennoch: Der Fokus eines Juweliers liegt auf dem Verkauf von Schmuck und Uhren. Dementsprechend ist genau das auch meist seine Kernkompetenz und eben nicht die Anlageberatung und der Verkauf von Barren und Münzen. Ähnlich dem zuvor beschriebenen Szenario bei der Bank sind Sie beim Juwelier nicht falsch, haben in den meisten Fällen aber auch keinen Spezialisten zur Hand.

Einigen Goldankäufern eilt zudem der Ruf voraus, dass sie bei Ankäufen den unwissenden Kunden mit zu niedrigen Ankaufspreisen übers Ohr hauen. Auch bei Verkäufen soll es vorkommen, dass der Preis nicht unbedingt als marktgerecht zu bezeichnen ist und/oder die Barren und Münzen in einem erbärmlichen Zustand sind, da sie aus einem Ankauf stammen und nicht sorgsam behandelt wurden.

Dennoch gilt auch hier: Selbstverständlich gibt es Spitzenjuweliere und Pfandhäuser, bei denen man für den Kauf von Edelmetallen bestens aufgehoben ist – man muss sie nur finden.

## Edelmetallhändler

Wer schon über ein wenig Erfahrung verfügt oder sich Wissen (zum Beispiel in Form dieses Buches) angeeignet hat, sollte tendenziell zu einem Edelmetallhändler gehen oder online bei ihm bestellen.

Zum einen bieten Edelmetallhändler das aktuell noch mögliche, anonyme Tafelgeschäft bis zu einem Betrag von Zweitausend Euro vor Ort an. Zum anderen haben sie eine deutlich größere Auswahl als Banken sowie Juweliere und im Regelfall auch einen besseren Preis (aus Sicht des Privatanlegers).

Solche Händler sind in den meisten Großstädten oftmals auch mehrfach zu finden. Eine kleine Google-Session bietet sich hier an, um auf die Edelmetallhändler aufmerksam zu werden. In diesem Zuge ist auch ein kurzer Blick auf die online einsehbaren Bewertungen ratsam, um die Seriosität des Händlers sicherzustellen.

### Liste mit über 100 lokalen Edelmetallhändlern

Wir haben uns vor einigen Jahren dazu entschieden, kein flächendeckendes Filialnetz in Deutschland aufzubauen. Gleichzeitig wollten wir es unseren Kunden, die lieber vor Ort statt online kaufen, ermöglichen, einen fachkundigen Edelmetallspezialisten in ihrer näheren Umgebung zu finden.

Unter **www.goldsilbershop.de/tafelgeschaeft.html** finden Sie eine Übersicht unserer über 100 bundesweit vertretenen Partner – bestimmt gibt es auch einen in Ihrer Nähe. Schauen Sie doch einmal nach.

Wir selbst sind mit einem Ladengeschäft sowohl in Mainz als auch in Wiesbaden vertreten. Zwischen den beiden Städten liegt der Rhein – so war es für uns naheliegend, die Namen der Läden von ihm abzuleiten:

In der Rheinstraße 103 in Mainz finden Sie unsere R(h)eingoldboutique und in der Wilhelmstraße 4 in Wiesbaden den R(h)eingoldpalais. Hier bieten wir Ihnen nicht nur ein Sortiment von mehreren Hundert Barren und Münzen an, sondern beraten auch gerne ausgiebig und fachkundig.

Die Kontaktdaten und weitere Informationen finden Sie unter:
**www.goldsilbershop.de/gold-kaufen-verkaufen-rhein-main-gebiet.html**

## Onlineshop

Der zunehmend oft genutzte Weg ist die Onlinebestellung. Die meisten stationären Edelmetallhändler haben mittlerweile auch einen zugehörigen Onlineshop. Umgekehrt hat aber nicht jeder Onlineshop eine Vor-Ort-Präsenz.

Zu beachten ist, dass es bei Onlinebestellungen von Edelmetallen kein gesetzliches Widerrufsrecht gibt. Dies gilt grundsätzlich für alle Dinge, die man online kaufen kann und deren Preis von Börsenkursschwankungen abhängig sind. Der Grund dafür ist recht simpel: Gäbe es ein gesetzliches Widerrufsrecht, könnten Kunden gegen den Edelmetallhändler spekulieren: Steigt der Preis/Kurs nach der Bestellung, bezahlt man diese. Fällt er hingegen, widerruft man die Bestellung und der Händler bleibt auf dem zwischenzeitlichen Kursverlust sitzen.

Im Vergleich zu anderen Onlineshops mutet es vielleicht zunächst ungewöhnlich an, doch im Edelmetallhandel ist es Standard, dass der Kauf ein Vorkassegeschäft ist: Man muss zunächst per Überweisung bezahlen und bekommt erst anschließend die Ware zugeschickt.

Paypal oder andere Zahlungsoptionen werden nicht angeboten, da diese Zahlungsdienstleister meist Gebühren von mehr als 1 % erheben, was im Vergleich zu den geringen Handelsmargen, die den Edelmetallmarkt auszeichnen, schlichtweg zu hoch ist. Zudem greift bei Edelmetallkäufen weder der Paypal Käufer- noch der Verkäuferschutz – Paypal schließt dies in den Bedingungen aus.

Für die Online-Bestellung spricht, dass man online meist das größte Sortiment und die besten Preise findet sowie zu jeder Zeit und an jedem Ort bestellen kann. Darüber hinaus wird die wertvolle Bestellung bereits wenige Tage später diskret und zuverlässig mit Paketdiensten oder Werttransporten zugestellt.

Häufig haben Anleger hierbei zwei Sorgen: Was ist, wenn mein Paket verloren geht, und was ist, wenn ich an einen unseriösen Händler gerate?

Pakete können jederzeit verloren gehen, völlig unabhängig von der zu liefernden Ware oder irgendwelchen Absichten.

Für den Anleger stellt dies aber zumeist keinerlei Risiko dar. Schließlich muss der Edelmetallhändler so lange für die Ware haften und verfügt auch über entsprechende Versicherungsverträge, bis die Metallstücke in den Händen des Käufers liegen.

## Onlinemarktplätze wie Amazon und ebay

Auch ich kaufe so ziemlich alles bei Amazon und ebay. Für Edelmetalle gilt dies nicht, und das sollten auch Sie nicht tun: Wer Artikel über solche Onlinemarktplätze verkauft, muss dafür eine Verkaufsprovision von etwa 10 % bezahlen. Da die Margen im Edelmetallhandel geringer sind, sind die um die Provision erhöhten Verkaufspreise zumeist immer deutlich höher als die, die Sie direkt im Onlineshop des Edelmetallhändlers bezahlen.

## 9.3 Nicht alles, was glänzt, ist Gold – so fallen Sie nicht auf Betrüger rein

### Fakeshops erkennen

*Positive Prüfung eines Onlineshops*

Um den Kauf bei einem unseriösen Händler zu vermeiden, ist es empfehlenswert, das Vergleichsportal **www.gold.de/fakeshop-blacklist** zu besuchen. Dort wird regelmäßig eine Liste zu den zertifizierten Edelmetallhändlern aktualisiert. Darüber hinaus können Sie mithilfe einer Abfrage prüfen, ob es sich um einen sogenannten Fakeshop handelt:

Ist der präferierte Shop nicht in der Liste der zertifizierten Edelmetallhändler zu finden, sollte die Wahl nochmals überdacht werden. Sollte er gar im Fakeshop-Checker auf der Blacklist stehen, bestellen Sie keinesfalls dort:

*Warnung vor einem Fakeshop*

Fakeshops erfreuen sich bei Gaunern leider aktuell einer gewissen Beliebtheit – oftmals werden Edelmetallneulinge mit einem angeblichen Neukundenrabatt von einigen Hundert Euro geködert. Teilweise werden sogar die Shops unter ähnlich klingenden Domains von seriösen Edelmetallhändlern mit gefälschtem bzw. kopiertem Impressum veröffentlicht.

Als Schutz gegen diese Betrugsmasche hilft es – neben dem vorgestellten Fakeshop-Checker –, auf die URL zu achten:

*Unsere URL lautet* **https://www.goldsilbershop.de** – *so und nicht anders.*

Wenn Sie die URL so in Ihre Browserzeile eingeben, landen Sie ganz sicher bei uns und nirgendwo anders.

## Nicht auf Neukunden-Rabatte reinfallen

*Lockangebot eines Fakeshops*

Der Edelmetallhandel zeichnet sich durch enge Handelsmargen von circa 1 % aus. Bei einem Anlagebetrag von 10.000 € verdient der Edelmetallhändler also ungefähr 100 € – kein aufrichtiger Händler kann Ihnen für einen solchen Anlagebetrag 400 € Neukundenrabatt geben. Sie werden 100 %-ig betrogen.

## Niemand verkauft Edelmetalle unter ihrem Wert

Es gibt etwas, auf das Neunmalkluge noch häufiger hereinfallen als auf günstige Preise – meist in Kleinanzeigenportalen: Jemand bietet ein paar Goldmünzen, die er angeblich aus einer Erbschaft hat, teils deutlich unter marktüblichen Preisen oder gar dem Börsenkurs von Gold an. Geblendet von der Gier, glaubt der Käufer die Unwissenheit des Verkäufers zum eigenen Vorteil ausnutzen zu können. Die Erfahrung zeigt: Sie werden niemals ein Schnäppchen machen, sondern nur Fälschungen bekommen.

## Der Preis ist nur eine Momentaufnahme und ist alleine nicht entscheidend

Geiz finden viele geil – doch nicht immer ist Geiz ein guter Rat: Auch bei uns rufen Kunden an, weil sie in einem Preisvergleich gesehen haben, dass beispielsweise ein Goldbarren bei uns vier, fünf Euro mehr kostet als bei einem Händlerkollegen. Es folgt die Frage, ob wir »da nicht noch was am Preis machen können«. Ich stelle dann meist die Gegenfrage, ob beim Kauf eines Artikels, der mehrere Tausend Euro kostet, die letzten vier, fünf Euro tatsächlich eine entscheidende Rolle spielen – insbesondere, wenn man bedenkt, dass der Börsenkurs von Gold täglich meist um 1 % und mehr schwankt:

Ein 100 g-Goldbarren kostet zurzeit circa 5.000 € – es ist also normal, dass dieser Preis innerhalb eines Tages um 50 € und mehr schwankt. Es ist daher gut möglich, dass – nachdem man den letzten Euro rausgehandelt hat – derselbe Artikel wenige Minuten später 10, 20 Euro mehr oder weniger kostet. Hat man jetzt wegen des Rabatts tatsächlich Geld gespart oder war das eine nicht lohnenswerte Mühe?

Wird es in fünf, zehn oder mehr Jahren relevant für Sie gewesen sein, ob Sie damals für den Goldbarren 4.990, 5.000 oder 5.010 € bezahlt haben? Wahrscheinlich ist Ihre Motivation, Gold zu kaufen, eine gewichtigere als die, 10 € zu sparen, und es ist auch deutlich wichtiger, dass Sie sich auf den von Ihnen gewählten Edelmetallhändler verlassen können.

Manch ein Gespräch endet damit, dass wir dem Kunden zwar den marginalen Nachlass gewähren, der Preis aufgrund des gestiegenen Börsenkurses jedoch trotzdem höher ist, als wenn man 10 Minuten zuvor zu den damaligen Konditionen bestellt hätte. Manchmal beglückwünschen wir den Kunden auch, dass er weitere zwei Euro spart, weil der Börsenkurs gerade gefallen ist.

## Onlineshop mittels Testkauf kennenlernen

Eine Möglichkeit zur Absicherung des Onlinekaufes ist die Durchführung eines Testkaufes. So kann der Händler mit einem kleinen Volumen vor dem eigentlich richtigen Kauf getestet werden. Es gibt aber noch eine bessere Möglichkeit, Ihre Onlinebestellung abzusichern:

## Bestellen mit Trusted Shops Käuferschutz

Trusted Shops hat Europaweit schon mehr als 30.000 Onlineshops aus allen möglichen Branchen geprüft und zertifiziert. Kunden dieser Onlineshops werden nach der Bestellung aufgefordert, diesen zu bewerten. Ein Blick auf das Trusted Shops Siegel verrät, wie zufrieden Kunden mit dem Onlineshop sind. Das Siegel wird in der Regel unten rechts auf der Shopseite dargestellt:

*Trusted Shops Siegel im Einsatz*

Mit einem Klick auf das Siegel können Sie mehr Details zu dieser Bewertung einsehen und die einzelnen Bewertungen lesen. Außerdem – und jetzt wird es spannend – erfahren Sie dort auch, ob der Onlineshop auch den Trusted Shops Käuferschutz anbietet.

Der Trusted Shops Käuferschutz ist eine Art Ausfallversicherung, die greift, wenn der Onlineshop nicht liefert: Bestellungen können bis zu einem Betrag von 20.000 € abgesichert werden. Der Trusted Shops Käuferschutz kostet pauschal nur 9,90 € pro Jahr.

Mehr Informationen und auch die Möglichkeit des Abschlusses des Trusted Shops Käuferschutzes finden Sie unter: **www.trustedshops.de/kaeuferschutz**

Sie möchten für mehr als 20.000 € bestellen und dennoch abgesichert sein? Auch das ist möglich, wenn Sie Ihren Anlagebetrag auf mehrere Bestellungen à maximal 20.000 € aufteilen.

## Mitgliedschaft in Branchenverbänden

Eine weitere Möglichkeit besteht darin, einen Edelmetallhändler auszuwählen, der einem etablierten Branchenverband angehört. Der bekannteste in Deutschland ist der Berufsverband des Deutschen Münzenfachhandels.

Zwar ist der Verband eigentlich ein Verband für Händler für Sammlermünzen, aber nicht nur wir, sondern nahezu jeder etablierte Edelmetallhändler gehört dem Verband an.

Unter **www.muenzenverband.de/mitgliederliste** können Sie eine aktuelle Mitgliederliste abrufen.

Eine relativ neue Initiative hat der World Gold Council (kurz: WGC) in Deutschland gestartet: Der WGC ist der weltweite Verband Gold fördernder und verarbeitender Unternehmen und hat es sich zum Ziel gesetzt, Gold als Kapitalanlage in Deutschland zu einer größeren Aufmerksamkeit zu verhelfen.

Unter **www.retailinvestment.gold/de** finden Sie sieben Grundsätze, zu denen sich Edelmetallhändler verpflichten sollen. Wir begrüßen diese Initiative und haben uns zu den auferlegten Grundsätzen verpflichtet:

1. Fairness und Integrität
2. Transparenz
3. Schutz von Kundenvermögen
4. Verantwortungsbewusster Goldabbau
5. Einhaltung gesetzlicher Vorschriften
6. Kaufmännische Vorsicht
7. Professionelle Betriebsführung

Unter der genannten URL finden Sie zudem einen Anlegerleitfaden, der Ihnen weitere Kriterien benennt, anhand derer Sie einen seriösen Edelmetallhändler identifizieren können.

Die Investition in physische Edelmetalle scheint tatsächlich deutlich aufwendiger zu sein, als einfach Gold auf dem Papier zu kaufen. Allerdings bringt die physische Anlage auch Vorzüge mit sich.

Edelmetalle sind nicht nur zum Aufbau und zur Speicherung des eigenen Vermögens sinnvoll, sondern sie dienen, wie bereits an anderer Stelle erwähnt, auch als Krisenwährung.

Das Letztgenannte können Gold und Silber allerdings nur in physischer Form erfüllen. Schließlich ist es im Falle des Falles nicht möglich, beim Bäcker mit dem Depotauszug ein Brot zu kaufen. Mit einer Edelmetallmünze ist das hingegen kein Problem.

Hoffentlich kommt es niemals wieder zu solchen Zuständen, dass davon Gebrauch gemacht werden muss. Doch auch schon in »kleineren Krisen« wie einer starken Inflation, in der niemand mehr die Fiat-Währungen annehmen möchte, oder zumindest nicht viel davon, ist es sinnvoll, wenn man mit Edelmetallen Transaktionen, welcher Art auch immer, durchführen kann.

# 10 Lagerung von Edelmetallen

Die Thematik der Lagerung betrifft logischerweise nur diejenigen Anleger, die sich für den Kauf der physischen Variante entscheiden. Edelmetalle in Papierform oder Goldminenaktien werden in einem gewöhnlichen Wertpapierdepot bei Banken und Brokern gelagert. Die physische Lagerung stellt da schon eine vergleichsweise größere Herausforderung dar und ist für viele Anleger ein Grund, sich gegen die physische Variante zu entscheiden. Doch das, was zunächst kompliziert klingt, lässt sich deutlich einfacher gestalten als zunächst angenommen.

Insbesondere beim Weißmetall Silber stellt sich die Lagerung ein wenig problematisch dar. Durch Oxidation kann es nämlich auf der Oberfläche von Silber zu schwarzen Verfärbungen kommen, die den Anblick dieses Edelmetalls nicht unbedingt verschönern. Dies kann sich bei einem späteren Verkauf wertmindernd auswirken. Mit Glück kann es beim Verkauf an einen Altgoldhändler zu keinerlei Abschlag kommen, da diese die eingekaufte Ware sowieso einschmelzen.

Bei Sammlermünzen ist dies allerdings ein großes Problem. Schließlich werden diese mit hohen Aufschlägen auf den reinen Metallwert aufgrund ihrer Schönheit und Seltenheit gehandelt – ein weiterer Grund, warum ich Sammlermünzen nicht empfehle. Da kann es schon zu drastischen Wertminderungen im prozentual zweistelligen Bereich kommen. Die Streuung ist allerdings sehr groß und oftmals von der jeweiligen Münze und Persönlichkeit des potenziellen Käufers abhängig.

Verhindern lassen sich diese Verfärbungen durch die Minimierung von Sauerstoffkontakt mit dem Silber:

Silberbarren erhält man teilweise in Folie eingeschweißt. Barren sind dadurch von Haus aus etwas gegen Anlaufen geschützt, wenn sie nicht gerade ausgepackt werden, wovon ich übrigens auch bei Gold dringlich abrate.

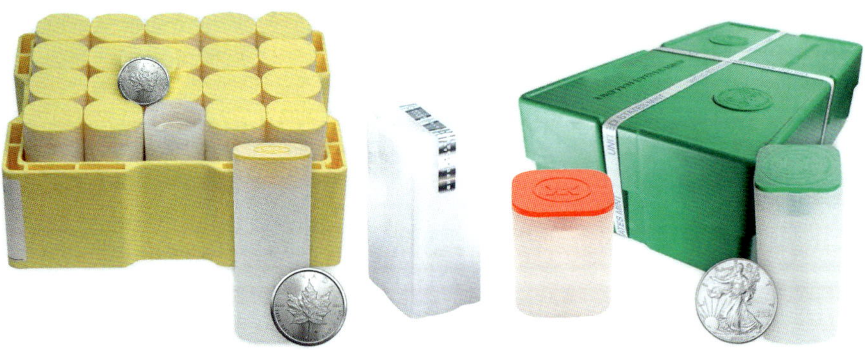

Größere Mengen an Münzen werden in *tubes* verkauft. Lässt man diese verschlossen, besteht zumeist keinerlei Gefahr. Selbst wenn man sie ab und zu mal herausnimmt, um sie kurz zu bestaunen, bekommen sie erfahrungsgemäß keine Oxidationsprobleme. Einzelne Münzen werden manchmal in Münzkapseln verkauft. Hierbei gilt das Gleiche wie für die *tube*. Meistens werden Silbermünzen allerdings in transparenten Plastiktaschen verkauft. Diese sollten schnell durch Kapseln oder *tubes* ersetzt werden, da sie keinen ausreichenden Schutz bieten.

Manche Anleger organisieren sich auch ein kleines Einschweißgerät und schweißen einfach alles ein, was noch nicht eingeschweißt ist. Das ist natürlich der bestmögliche Schutz, den Sie Ihren Schätzen verpassen können.

Im Folgenden möchte ich einige Varianten zur richtigen Lagerung sämtlicher Edelmetalle vorstellen.

**Empfehlung**

Die nachfolgenden Vorstellungen der verschiedenen Aufbewahrungsmöglichkeiten von Edelmetallen sind verhältnismäßig knapp gehalten. Eine ausführlichere Darstellung finden Sie unter:

**www.goldsilbershop.de/gold-silber-lagern.html**

Meine Empfehlung ist es, bei höheren Anlagebeträgen verschiedene Aufbewahrungsmöglichkeiten zu kombinieren – schließlich sollte man nicht alle Eier in einen Korb legen.

## 10.1 Zu Hause

Wenn man den Erwerb von physischem Edelmetall als Versicherung für den Krisenfall sieht, so ist natürlich eine Lagerung zu Hause, zumindest für einen Teil der Ware, die erste Wahl. So hat man zumindest immer Zugriff auf die Schätze und es entstehen keinerlei Lagerkosten.

Allerdings sind Sicherheitsbedenken im Falle eines Einbruchs berechtigt. Diese lassen sich durch entsprechendes Vorgehen jedoch deutlich senken. Zudem lässt sich das Risiko durch verschiedene Lagerorte innerhalb der eigenen vier Wände reduzieren.

*Die eigenen vier Wände bieten viele Versteckmöglichkeiten.*

Auch das klassische Vergraben im Garten wird häufig angewendet und ist sogar erstaunlich sicher. Hinter mancher Fußleiste gibt es ebenfalls Platz für etwas Gold. Der Türrahmen bietet sich auch für größere Mengen an, und wer beim Bau gleich mitdenkt, kann sich eine eiserne Reserve einmauern. Hier gilt es, kreativ zu sein und die Verstecke durchaus aufwendig zu gestalten, denn Langfinger bringen selten viel Zeit mit. Das Wichtigste ist, niemals zu vergessen, wo sich die Reserven befinden, sonst sind diese bei Bedarf natürlich völlig nutzlos.

Wenn Sie sich für das Verstecken entscheiden, empfehle ich Ihnen, eine Inventarliste anzufertigen, aus der hervorgeht, wo Sie Ihre Barren und Münzen versteckt haben. Diese Liste verwahren Sie in einem versiegelten Umschlag außerhalb der eigenen vier Wände, zum Beispiel bei Ihren Eltern oder Kindern: So ist einerseits sichergestellt, dass Einbrecher keine Anleitung vorfinden, wo sie suchen müssen, andererseits können Sie so gewährleisten, dass Sie oder – im Todesfall – Ihre Hinterbliebenen Zugriff auf Ihre Edelmetallbestände haben.

Wer einen Tresor sein Eigen nennen kann, sollte diesen auch mit etwas Gold und Silber befüllen. Meist sind darin versicherte Edelmetalle zu 20 bis 30 % der vereinbarten Versicherungssumme in der Hausratversicherung versichert. Beträgt die Hausratversicherungssumme also beispielsweise 50.000 €, könnten Sie Edelmetalle im Wert von 10.000 bis 15.000 € versichert im Tresor aufbewahren. Dies gilt nur für Tresore, die bestimmten Sicherheitsstandards entsprechen – die Nussschalen aus dem Baumarkt gehören ganz sicher nicht dazu.

### Gold richtig verstecken

Sie möchten Ihre Schätze verstecken und erfahren, welche Möglichkeiten es dafür genau gibt? Dann empfehle ich Ihnen das Buch »Gold Verstecken: Die Ultimative Anleitung« von Amos Zweig.

**www.amazon.de/dp/B08KQBYTN5**

### Ratgeber für Tresore und die sichere und versicherte Verwahrung von Edelmetallen in den eigenen vier Wänden

Bitte beachten Sie: Zu Hause aufbewahrte Edelmetalle sind im Rahmen der Hausratversicherung nur dann gegen Diebstahl versichert, wenn diese in einem Tresor verwahrt werden oder wenn Sie einen ganz besonderen Versicherungstarif abgeschlossen haben, der auch Edelmetalle versichert, die außerhalb eines Tresors zu Hause aufbewahrt werden.

Wenn Sie sich für die Anschaffung eines Tresors interessieren, empfehle ich Ihnen, unter **www.goldsilbershop.de/tresor.html** unseren fast 20 Seiten umfassenden Experten-Ratgeber für Tresore zu lesen.

Unter welchen Bedingungen und wie Sie Edelmetalle auch außerhalb eines Tresors bis zu einem Wert von 50.000 € versichern können, erfahren Sie unter:

**www.goldsilbershop.de/gold-hausratversicherung.html**

Wie Sie Ihr Eigenheim – unabhängig davon, ob Sie Edelmetalle besitzen oder nicht – effektiv vor Einbrüchen schützen, erfahren Sie unter: **www.goldsilbershop.de/einbruchschutz.html**

Ein Tipp von mir als verantwortungsvoller Familienvater: Unabhängig davon, für welche Variante der Verwahrung in den eigenen vier Wänden Sie sich entscheiden, gilt, dass Sie und auch Ihre Familienmitglieder (»Kindermund tut Wahrheit kund«) einerseits möglichst verschwiegen sein sollten hinsichtlich der Tatsache, dass Sie Edelmetalle zu Hause verwahren, um kein Interesse bei Einbrechern und Räubern zu wecken. Andererseits sollten Ihre Familienmitglieder eingeweiht sein, wo sich Ihre Schätze befinden und wie man an sie herankommt: In der Fernsehsendung »Aktenzeichen XY« ist immer wieder zu sehen, dass Räuber teils sehr gewalttätig werden, um zum Beispiel die PIN des Tresors zu erhalten – wenn Ihre Liebsten diese nicht wissen, kann dies ein unschönes Ende nehmen.

Vorteile:

→ Anonyme Verwahrung möglich – niemand muss wissen, dass Sie Edelmetalle besitzen.

→ Keine einmaligen oder fortlaufenden Kosten für die Lagerung, wenn kein Tresor gekauft und/oder Edelmetalle über die Hausratversicherung versichert werden.

→ Jederzeit Zugriff auf die Edelmetalle.

→ In den eigenen vier Wänden gibt es viele unauffällige Verstecke.

Nachteile:

→ Mehrere Tausend Euro Initialkosten bei Anschaffung eines Tresors sowie (geringe) fortlaufende Kosten für die Hausratversicherung.

→ Wenn über die Hausratversicherung versichert wird: Risiko der Unterversicherung, wenn Versicherungssumme nicht an den tatsächlichen Wert angepasst wird oder eine Höherversicherung nicht möglich ist.

→ Risiko des Verlusts und der Gesundheit bei Einbruch oder Raub.

→ Ggf. Platzproblem, wenn Sie viel Silber einlagern.

## 10.2 Bankschließfach

Die bekannteste Lagermöglichkeit außerhalb des eigenen Reviers dürfte das Schließfach der Hausbank sein. Grundsätzlich eignet sich ein Bankschließfach sehr gut für die Lagerung von Edelmetallen und anderen wertvollen Gegenständen und Dokumenten. Die Sicherheit ist vergleichsweise hoch, und Lagerkosten sind für Anleger, die bereits ein Konto bei dem jeweiligen Institut haben, verhältnismäßig gering.

Problematisch hingegen ist die Verfügbarkeit. Diese ist bei weitem nicht so gut wie in den eigenen vier Wänden. Beim Zugriff ist man auf die Öffnungszeiten oder gar einen vereinbarten Termin angewiesen. Sollte es zu einer währungsbedingten Krise kommen, die begleitet wird von Bankruns und Filialschließungen, so hat man keinerlei Zugriff auf die Edelmetallbestände, und das ausgerechnet dann, wenn es tatsächlich vonnöten ist.

Ich führe meist folgenden Vergleich an: Gold bei der Bank aufzubewahren, ist so, als würden Sie als Maus Ihren Notkäsevorrat in der Mausefalle aufbewahren. Müssen Sie an Ihren Notvorrat, schnappt die Falle zu.

Wenn Sie sich für ein Bankschließfach als Lagerstätte entscheiden, achten Sie unbedingt darauf, dass Sie das Schließfach ausreichend hoch versichern: Meist beinhaltet die Miete keine oder nur 2.500 bis 5.000 € Versicherungsschutz. Eine Höherversicherung wird aber meist angeboten oder ist über die eigene Hausratversicherung (siehe Link zum zuvor genannten Ratgeber) möglich. Meist ist die Möglichkeit der Höherversicherung jedoch auf 30.000 € je Schließfach gedeckelt.

Reiche Russin bei Commerzbank ausgeraubt

**Schließfach-Raub: Mitarbeiterin soll Bande geholfen haben, 4,6 Millionen Euro zu klauen**

Teilen Pocket



FOCUS-Online-Reporter Göran Schattauer

**Diebstahl-Serie: Schließfächer in Hannover ausgeraubt**

von Goldreporter 11. Juli 2019

Die Filialen zweier Sparkassen in Hannover waren Ziel der Schließfachräuber (Foto: Goldreporter / Symbolbild)

**In Hannover sind gleich zwei Schließfachanlagen von Räubern angegriffen worden. Die Täter ergaunerten sich den Zugang zu womöglich 51 SB-Mietfächern bei zwei Sparkassen.**

SB-Mietfächer angegriffen

Wer Gold und Silber extern lagert, sollte gewarnt sein. Erneut ist es zu einem Schließfachraub in deutschen Bankfilialen gekommen. Am Wochenende hatte ein Kunde einer Sparkasse in Hannover einen Diebstahl aus seinem Wertfach gemeldet. Laut Polizeibericht handelte es sich bei dem Angriffsziel um eine Anlage mit SB-Mietfächern, die seit längerer Zeit in der Kritik stehen (mehr dazu u.a. in unserem Ratgeber „Schließfach- und Depotlagerung"). Aber nicht nur das: Die Täter sollen über mehrere Tage hinweg gleich zwei solcher Schließfach-Anlagen in Hannover ausgeräumt haben.

Ebenfalls wichtig ist es, und das gerät leider häufig in Vergessenheit, den Wert der Gegenstände im Schließfach regelmäßig mit der Versicherungssumme abzugleichen und anzupassen: Zwar gilt ein Bankschließfach als ein sicherer Aufbewahrungsort, jedoch kommt es hin und wieder vor, dass in Bankfilialen eingebrochen und massenhaft Schließfächer aufgebrochen werden. Immer wieder stehen dann Schließfachmieter vor einem Scherbenhaufen, da sie es versäumt haben, ihre Wertsachen ausreichend zu versichern.

Vorteile:

- → Vergleichsweise sichere Verwahrmöglichkeit.
- → Keine einmaligen, sondern nur vergleichsweise geringe Kosten.
- → Versicherte Verwahrung bis circa 30.000 € möglich.
- → Kein Risiko für die eigene Gesundheit bei Einbruch in Bankfiliale.

Nachteile:

- → Keine anonyme Verwahrung möglich – Schließfächer sind meldepflichtig.
- → Zugriff auf Ihre Edelmetalle nur im Rahmen der Öffnungszeiten möglich.
- → Im Falle eines Bankruns/gesetzlich verordneter zusätzlicher »Bankfeiertage« kein Zugriff auf Ihre als Notreserve dienenden Edelmetalle.
- → Risiko der Unterversicherung, wenn Versicherungssumme nicht an den tatsächlichen Wert angepasst wird oder eine Höherversicherung nicht möglich ist.
- → Ggf. Platzproblem, wenn Sie viel Silber einlagern.

## 10.3 Lagerung bei Edelmetallhändler

Bei einigen Edelmetallhändlern kann man nicht nur die Transaktionen selbst vornehmen, sondern auch die Lagerung. Des Weiteren gibt es Unternehmen, die ausschließlich den Service der Lagerung von Edelmetallen und anderen wertvollen Gegenständen übernehmen. Diese Lagermöglichkeit bietet eine ebenso hohe – oder gar noch höhere – Sicherheit als die in einem Bankschließfach. Vor allem die Verfügbarkeit ist deutlich höher als bei der Hausbank um die Ecke. Die Modelle sind hier sehr unterschiedlich und zumeist sehr flexibel. Darüber hinaus sind solche Unternehmen nicht direkt vom Währungssystem abhängig und bleiben im Regelfall von Krisen, in denen der mögliche Zugriff wichtig ist, verschont.

Konkret gibt es folgende Möglichkeiten am Markt:

- → Verwahrung direkt beim Edelmetallhändler im Handelsbestand oder als Einzel- oder Sammelverwahrung.

- → Schließfachanlage in der Filiale des Edelmetallhändlers.
- → Edelmetalldepot mit Bruchteilseigentum und Lagerung bei einem externen Sicherheitsdienstleister im In- oder Ausland.
- → Einzelverwahrung bzw. segregierte Lagerung bei einem externen Sicherheitsdienstleister im Inland.
- → Einzelverwahrung bzw. segregierte Lagerung bei einem externen Sicherheitsdienstleister im Ausland bzw. Zollfreilager.

### 10.3.1 Verwahrung im Handelsbestand des Händlers

Sollte der Edelmetallhändler eine Verwahrung bei sich selbst anbieten, sollten Sie unbedingt sicherstellen, dass Ihre Edelmetallbestände nachweisbar getrennt von seinem Handelsbestand aufbewahrt werden, Ihnen zuordenbar sind sowie von einem Wirtschaftsprüfer geprüft und bestätigt werden. Ist dies nicht der Fall, rate ich Ihnen dringend davon ab, Ihre Edelmetalle dort zu lassen: Im Falle einer Insolvenz des Edelmetallhändlers werden Sie sonst nur aus der Insolvenzmasse bedient und gehen im schlimmsten Fall leer aus. Leider gab es in der Vergangenheit einige Betrüger mit Schneeballsystemen – bei Interesse an mehr Details googeln Sie einmal »PIM Gold« oder »BWF Stiftung«.

### 10.3.2 Schließfach beim Edelmetallhändler

Es gelten die zuvor genannten Ausführungen zu Bankschließfächern. Positiv zu ergänzen ist, dass meist höhere Versicherungssummen realisierbar sind. Zudem sind Schließfächer bei Edelmetallhändlern von Bankfeiertagen wahrscheinlich nicht betroffen. Nachteilig ist, dass die Schließfachmieten deutlich höher sind als bei Banken. Außerdem sind bankenunabhängige Schließfächer nicht über die Hausratversicherung abgesichert. Vor die Wahl gestellt, ein Schließfach bei einer Bank oder eines bei einem Edelmetallhändler zu wählen, würde ich immer Letzteres präferieren.

## 10.3.3 Edelmetalldepot

Einige Edelmetallhändler, auch wir, bieten ein sogenanntes Edelmetalldepot an. Hierbei erwerben Sie nicht ganze Barren oder Münzen, sondern – je nach Anlagebetrag – einen Bruchteil eines oder mehrerer Barren. Je nach Anbieter stehen neben dem Edelmetall Gold auch die Weißmetalle Silber, Platin und Palladium zur Auswahl. Ihr Anlagebetrag kann auf eines oder mehrere Edelmetalle aufgeteilt werden.

Ein Edelmetalldepot ist insbesondere dann ratsam, wenn Sie nur über einen geringen Anlagebetrag verfügen, Edelmetalle im Rahmen eines Sparplans erwerben und sich um die Verwahrung nicht kümmern möchten. Zudem sind Edelmetalldepots sehr flexibel hinsichtlich der Auszahlung, da Sie nicht ganze Barren verkaufen müssen, sondern einen glatten Geldbetrag angeben können, der Ihnen ausbezahlt werden soll.

Analog der Verwahrung beim Edelmetallhändler sollten Sie prüfen, ob folgende Sicherheitsmerkmale erfüllt sind:

- → Die Edelmetalle werden getrennt vom Handelsbestand als Sondervermögen verwahrt – dadurch fallen die Barren bei einer Pleite des Anbieters nicht in die Insolvenzmasse.
- → Es findet eine Mittelverwendungskontrolle durch einen unabhängigen Treuhänder statt.
- → Ein Wirtschaftsprüfer prüft mindestens einmal pro Jahr den Edelmetallbestand der Kunden und bestätigt Ihnen direkt die Ordnungsmäßigkeit.
- → Für die Kunden erworbene Barren werden in Form von Barrennummernlisten dokumentiert.
- → Neben der Auszahlung bei Kündigung ist auch eine physische Herausgabe in Form von Barren in verschiedenen Gewichtseinheiten möglich.

Im Gegensatz zu den zuvor und nachfolgend dargestellten Verwahrmöglichkeiten gibt es keine feste Definition bzw. einen Standard, was unter einem Edelmetalldepot genau zu verstehen ist. Daher ist es nicht möglich, pauschal Vor- und Nachteile anzuführen. Ich möchte Ihnen daher nachfolgend unser SOLIT Edelmetalldepot näher vorstellen und anschließend dessen Vor- und Nachteile auflisten:

## SOLIT Edelmetalldepot

Bereits seit dem Jahr 2008 offerieren wir den mit der zollfreien Lagerung kombinierten Kauf im Rahmen eines Edelmetalldepots – es war unser Einstieg als Produktanbieter in den Edelmetallhandel. Nicht ohne Stolz können wir heute verkünden, dass viele unserer über 100.000 Kunden auf das SOLIT Edelmetalldepot von einer der mittlerweile über mit uns kooperierenden 200 Banken, Volksbanken und Sparkassen aufmerksam wurden. Mit der BayernLB gehört sogar eine Landesbank zu unseren Partnern.

*Sparplanverwaltung in der SOLIT App*

Banken agieren äußerst vorsichtig bei der Auswahl von Produktpartnern, insbesondere dann, wenn diese nicht aus ihrem eigenen Verbund kommen. Die zuvor genannten Mindestsicherheitsstandards für Edelmetalldepots erfüllt das SOLIT Edelmetalldepot daher ganz sicher. Darüber hinaus bietet das SOLIT Edelmetalldepot zahlreiche weitere Möglichkeiten:

Im Rahmen von Einmalanlagen ab 2.000 € bzw. einem Sparplan ab 50 € kann nicht nur in die beiden Edelmetalle Gold und Silber, sondern auch Platin und Palladium investiert werden – die Aufteilung kann jederzeit von Ihnen selbst bestimmt und geändert werden. Dies können Sie im Login-Bereich von **www.solit-kapital.de** veranlassen, oder Sie nutzen unsere SOLIT App.

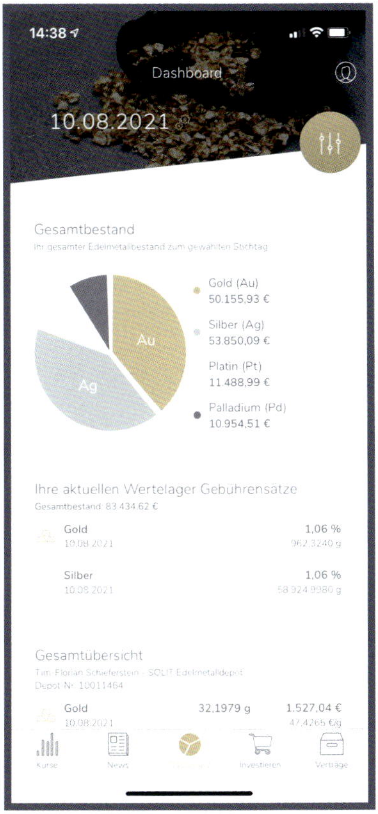


*Tortendiagramm mit Edelmetallbestand*

Im Rahmen des Sparplans kann die Sparplanrate auf bis zu vier Edelmetalle aufgeteilt werden – je Metall gilt ein Mindestanlagebetrag von nur 25 €. Bereits ab einer Sparplanrate von 100 € ist es also möglich, in Gold, Silber, Platin und Palladium zu investieren und sich so Monat für Monat ein breit gefächertes Edelmetallportfolio aufzubauen.

Eine Bestandsübersicht zeigt Ihnen stets den aktuellen Wert in € sowie die Aufteilung nach Gewicht und Metall:

Selbstverständlich können Sie diese Vermögensübersichten jederzeit als PDF herunterladen und ausdrucken.

Besonders beliebt ist auch die Tresorkamera: Eine im Tresorraum installierte Kamera gibt 24/7 Einblick auf die insgesamt für alle Kunden verwahrten Barrenbestände.

Tresorkamera zeigt Lagerbestände

Apropos Barren: Selbstverständlich haben Sie als Edelmetallkunde Zugriff auf Inventarlisten mit Barrennummern sowie die Prüfberichte des Treuhänders und des Wirtschaftsprüfers.

Die Verwahrung erfolgt bankenunabhängig bei der Züricher Freilager AG in Embrach nahe Zürich. Eine Verwahrung außerhalb der EU bringt den Vorteil, dass ein sogenanntes Zollfreilager genutzt werden kann: Beim Kauf der drei Weißmetalle Silber, Platin und Palladium entfällt die ansonsten übliche Mehrwertsteuer von 19 % – eine beachtliche Ersparnis also, die die für die Lagerung anfallenden Gebühren über viele Jahre kompensiert. Gold ist grundsätzlich von der Mehrwertsteuer befreit.

Vorteile:

- → »Rundum-sorglos-Paket«: Kauf, Verwahrung, Versicherung etc. übernehmen wir.
- → Sichere Verwahrmöglichkeit und höchste Sicherheitsstandards.
- → Im Falle eines Bankruns/gesetzlich verordneter zusätzlicher »Bankfeiertage« bestehen Zugriffsmöglichkeiten auf Ihre Edelmetalle.
- → Keine einmaligen, sondern nur fortlaufende Kosten anhand des aktuellen Gegenwerts.
- → Versicherte Verwahrung für jeden Anlagebetrag möglich.
- → Ihre Edelmetalle sind jederzeit zum Wiederbeschaffungswert versichert.
- → Auch als Sparplan ab 50 € möglich.
- → Große Ersparnis durch zollfreien Kauf bei Silber, Platin und Palladium.
- → Verwaltung, Nachkauf, Umschichtung, Kündigung sowie Vermögensübersicht per App.
- → Kein Risiko für die eigene Gesundheit bei Einbruch/Raub durch externe Verwahrung.

Nachteile:

→ Keine anonyme Verwahrung möglich.

→ Aushändigung der Edelmetalle nur nach vorheriger Terminvereinbarung möglich (alternativ: Versand nach Hause).

→ Fortlaufende Kosten für die Verwahrung.

**SOLIT Edelmetalldepot**

Mehr zum SOLIT Edelmetalldepot erfahren Sie im späteren Kapitel zum Thema Sparplan und unter:
**www.solit-kapital.de/solit-edelmetalldepot**

## 10.3.4 Einzelverwahrung im Inland bei Sicherheitsunternehmen

Einige Edelmetallhändler bieten auch die Einzelverwahrung im Hochsicherheitsbereich bei einem etablierten Sicherheitsunternehmen an. Die fünf national und international bekannten und führenden Unternehmen sind: Loomis, Brinks, Prosegur, G4S und Malca Amit. Hierbei mietet der Edelmetallhändler Lagerfläche bei dem Sicherheitsunternehmen an und verwahrt dort im Auftrag der Kunden. Wir, die SOLIT Gruppe, bieten beispielsweise bei Brinks in Flörsheim, nahe des Frankfurter Flughafens, die Einzelverwahrung – auch segregierte Lagerung genannt – an. Im Unterschied zu einer Sammelverwahrung werden die einzelnen Barren und Münzen ganz konkret dem Kunden zugeordnet. Lassen Sie also bereits gekaufte Edelmetallbestände einlagern, bekommen Sie später genau die Barren und Münzen zurück, die Sie zuvor abgegeben haben.

Üblicherweise prüft ein Wirtschaftsprüfer regelmäßig die Vollständigkeit und Richtigkeit der Edelmetallbestände und bestätigt diese den Kunden.

Eine segregierte Lagerung wird zumeist von Anlegern gewünscht, die höhere Anlagebeträge investieren und die sichergestellt haben wollen, dass ihre Edelmetallbestände jederzeit physisch auslieferbar und gleichzeitig stets sicher und versichert verwahrt sind. Möchte man verstärkt in Silber investieren, hat man so auch eine Verwahrlösung, die das oft auftretende Platzproblem zuverlässig löst.

Vorteile:

- → Sichere Verwahrmöglichkeit und höchste Sicherheitsstandards.
- → Im Falle eines Bankruns/gesetzlich verordneter zusätzlicher »Bankfeiertage« bestehen Zugriffsmöglichkeiten auf Ihre Edelmetalle.
- → Keine einmaligen, sondern nur fortlaufende Kosten anhand des aktuellen Gegenwerts.
- → Ihre Edelmetalle sind jederzeit zum Wiederschaffungswert versichert.
- → Kein Risiko für die eigene Gesundheit bei Einbruch/Raub durch externe Verwahrung.

Nachteile:

- → Keine anonyme Verwahrung möglich.
- → Aushändigung der Edelmetalle nur nach vorheriger Terminvereinbarung möglich (alternativ: Versand nach Hause).
- → Fortlaufende Kosten für die Verwahrung.

### 10.3.5 Zollfreies Auslandslager: Einzelverwahrung bei Sicherheitsunternehmen

Diese Variante dürfte den meisten Privatanlegern unbekannt, vielleicht sogar suspekt vorkommen. In Anbetracht der Steuerhinterziehungsskandale aus den vergangenen Jahren mutet ein zollfreies Auslandslager vielleicht nicht unbedingt rechtskonform an.

Es ist jedoch völlig legal und eine sehr geeignete Variante, um die Edelmetallbestände zur Risikostreuung teilweise im Ausland zu lagern.

Steuerlich, was erzielte Gewinne angeht, ändert sich nahezu nichts. Es gilt weiterhin eine Steuerfreiheit auf die erzielten Gewinne nach einer Haltefrist von 12 Monaten. Werden schon früher Gewinne realisiert, so müssen diese versteuert werden. Eigentlich verhält sich alles genauso wie bei einem Edelmetalllager in Deutschland.

Einen großen steuerlichen Unterschied zum Vorteil des Anlegers gibt es allerdings: Auch Silber, Platin und Palladium können hier steuerbefreit erworben werden, wenn der Kauf mit der Lagerung im Zollfreilager kombiniert wird.

Da für Silber, Platin und Palladium in Deutschland der reguläre Mehrwertsteuersatz erhoben wird, kann beim mit der zollfreien Lagerung kombinierten Kauf bis zu 19 % eingespart werden. Diese Ersparnis kompensiert die fortlaufenden Lagerkosten für viele Jahre, wie dieses Rechenbeispiel zeigt:

## Zollfreier Kauf finanziert für viele Jahre Lagergebühren

*Übersicht der Lagergebühren für das SOLIT Wertelager:*

| Gegenwert der Edelmetalle | Verwahrgebühr für Gold, Platin, Palladium sowie Diamanten | Verwahrgebühr für Silber |
|---|---|---|
| **< 100.000 EUR** | 1,40 % p.a. | 1,60 % p.a. |
| **100.000–250.000 EUR** | 1,25 % p.a. | 1,40 % p.a. |
| **250.001–500.000 EUR** | 1,10 % p.a. | 1,30 % p.a. |
| **500.001–1,5 Mio. EUR** | 0,95 % p.a. | 1,20 % p.a. |
| **1,5 Mio.–5 Mio. EUR** | 0,85 % p.a. | 1,10 % p.a. |
| **> 5 Mio. EUR** | 0,70 % p.a. | 0,95 % p.a. |

Im günstigsten Fall finanziert die Mehrwertsteuerersparnis die Lagergebühren von 0,7 % über 27 Jahre. Selbst bei kleinen Anlagebeträgen und dem höchsten Satz von 1,6 % sind es fast 12 Jahre.

Wenn Edelmetallhändler die Einzelverwahrung im Zollfreilager anbieten, dann wird dies meist in Zürich geführt. Dies hat mehrere praktische Gründe:

→ Damit zollfrei gekauft werden kann, muss die Verwahrung außerhalb der EU erfolgen – die Schweiz liegt zwar in Kontinentaleuropa, ist aber kein EU-Mitglied.

→ Zürich ist von Deutschland aus gut und schnell zu erreichen.

→ In Zürich/der Schweiz wird Deutsch geschrieben und gesprochen.

→ Die Schweiz gilt als ein edelmetallaffines Land und bietet infolgedessen eine sehr gute Infrastruktur.

Wir bieten daher auch die segregierte Einzelverwahrung im Hochsicherheitstresor von Brinks in Zürich an.

Darüber hinaus bieten wir diese Verwahrung mit Brinks auch in Halifax in Kanada an. Kanada hat den Vorteil, dass dort Gold, Silber und Platin generell steuerfrei gekauft werden können. Zudem ist Halifax in circa 5 bis 6 Flugstunden erreichbar – kein Wunder also, dass unsere kanadische Einzelverwahrungslösung nicht nur bei Anlegern, die zwecks globaler Diversifikation eine Verwahrung außerhalb Europas wünschen, sehr beliebt ist.

Insbesondere Anlegern mit höheren Anlagebeträgen ist aus Furcht vor einem staatlichen Zwangszugriff auf ihr Edelmetallvermögen eine Auslandsverwahrung, bei der sie einen Lagervertrag mit einer ausländischen Gesellschaft schließen können, wichtig. Um diesem Bedürfnis gerecht zu werden, sind wir einer der wenigen Spezialisten, der sowohl in Kanada als auch in der Schweiz jeweils über eine dort ansässige Tochtergesellschaft »lokale« Lagerverträge anbietet.

Vorteile:

→ Hohe Ersparnis durch zollfreien Kauf bei Silber, Platin und Palladium.

→ Sichere Verwahrmöglichkeit und höchste Sicherheitsstandards.

→ Im Falle eines Bankruns/gesetzlich verordneter zusätzlicher »Bankfeiertage« bestehen Zugriffsmöglichkeiten auf Ihre Edelmetalle.

→ Keine einmaligen, sondern nur fortlaufende Kosten anhand des aktuellen Gegenwerts.

- → Ihre Edelmetalle sind jederzeit zum Wiederbeschaffungswert versichert.
- → Kein Risiko für die eigene Gesundheit bei Einbruch/Raub durch externe Verwahrung.

Nachteile:

- → Keine anonyme Verwahrung möglich.
- → Aushändigung der Edelmetalle nur nach vorheriger Terminvereinbarung möglich (alternativ: Versand nach Hause).
- → Fortlaufende Kosten für die Verwahrung.

### SOLIT App

Sowohl Käufe mit Einzelverwahrung in Deutschland als auch in der Schweiz oder Kanada können über unsere SOLIT App und **www.gold-silbershop.de** mit Anlagebeträgen ab 5.000 € vollzogen werden.

Wenn Sie noch nicht bei der SOLIT App registriert sind, können Sie sich mit diesem Code registrieren:

**GOLDBUCH**

Mit dem Registriercode erhalten Sie als geschätzter Leser besondere Angebote in der App.

Mehr Informationen über die App finden Sie unter: **www.solit-kapital.de/SOLIT-App**

# 11 Die Sonderformen der Edelmetalle

Grundsätzlich ist mit Gold und Silber der Großteil der Geldanlage im Edelmetallbereich abgedeckt. Dennoch gibt es drei weitere und tendenziell exotischere Weißmetalle. Generell stellt die Nutzung als Wertspeicher und Tauschmittel nur einen kleinen Teil deren Verwendungszwecks dar. Faktisch handelt es sich um Industriemetalle, bei denen die Geldanlage meist nicht viel mehr als eine Randnotiz ist.

Heraeus
Platinum
999,5
HERAEUS EDELMETALLE
H
HANAU
500g

## 11.1 Platin

Platin ist definitiv das bekannteste Edelmetall unter den Exoten. Vielen Menschen dürfte es durchaus ein Begriff sein in Verbindung mit dem Thema Geldanlage, und der eine oder andere Privatanleger besitzt sogar ein wenig Platin.

Genauso wie Gold und Silber wird auch Platin als Reservewährung von Notenbanken und Regierungen genutzt. Wie aus Statistiken allerdings hervorgeht, wird es ausschließlich von Staaten genutzt, in denen das Weißmetall ohnehin abgebaut wird. Südafrika sticht hier natürlich heraus. In diesem Land wird mehr als die Hälfte des weltweiten Platinbedarfs abgebaut.

Für Regierungen und auch für manche Privatanleger ist es einfach wichtig, dass die Reserven auf möglichst kompaktem Raum untergebracht werden können. Dies ist bei Platin gegeben, denn es besitzt sogar eine noch höhere Dichte als Gold.

Die Hauptverwendung von Platin (etwa 80 %) findet in der Industrie und im Schmuckbedarf statt. Allen voran die immer stärkeren Umwelt- und Abgasnachbehandlungsvorschriften haben dafür gesorgt, dass der Bedarf an Platin stark gestiegen ist. Bei Platin handelt es sich um eines der essenziellen Materialien bei der Herstellung eines Katalysators. Die zukünftige Nachfrage in der Industrie nach Platin lässt sich nur schwer hervorsagen, aber eine hohe Abhängigkeit von konventionell betriebenen Fahrzeugen hat dieses Edelmetall, Stand heute, auf jeden Fall.

Ein noch sehr neue, aber keineswegs unbedeutende Verwendung von Platin ist die Wasserstoffbranche. Zum Einsatz von Wasserstoff, egal ob in Fahrzeugen, Schiffen oder in der Industrie, werden Brennstoffzellen zur Freisetzung der Energie benötigt. Für die Herstellung einer Brennstoffzelle für einen PKW werden ungefähr zehn Gramm Platin benötigt, bei schweren LKWs sogar rund 100.

Auch für den Bau von Elektrolyseanlagen, die aus Strom und Wasser den Wasserstoff erzeugen, wird Platin benötigt. Setzt sich also tatsächlich Wasserstoff als der saubere Energieträger der Zukunft durch, so wird die Nachfrage nach Platin ein wohl noch nie dagewesenes Niveau erreichen.

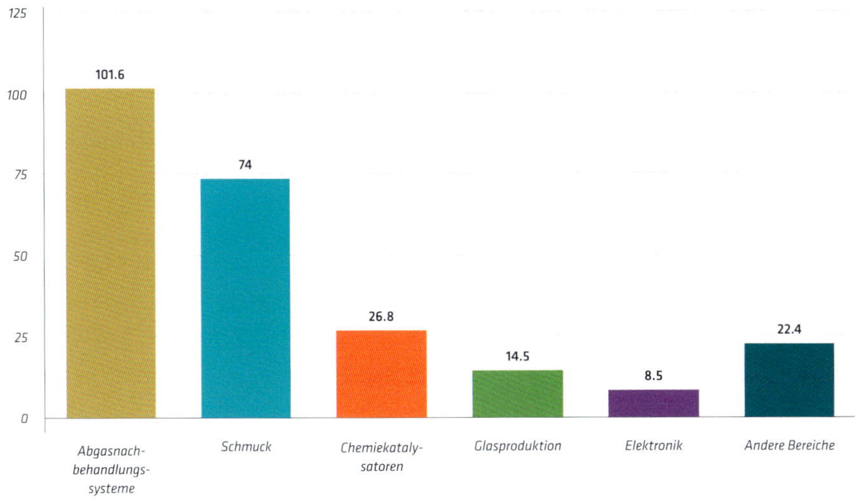


**Quelle: Norisk Nickel**

*Industrielle Verwendung von Platin*

Als Krisenschutz wird Platin nur in sehr geringem Maße verwendet. Von einigen Münzen, wie beispielsweise dem Maple Leaf, gibt es zwar auch eine Platinversion, doch bis dato konnte sich Platin noch nicht als Krisenwährung etablieren.

## Steuer

Hinsichtlich der Steuerthematik hat Platin ein deutliches Nachsehen gegenüber den klassischen Anlagemetallen. Beim Kauf wird die übliche Mehrwertsteuer fällig, die man beim Verkauf nicht erhält, da dieser auf Nettobasis erfolgt.

Konkret bedeutet dieser Zusammenhang für den Privatanleger in Kombination mit den Händlermargen, dass der Platinpreis sich vom Kaufzeitpunkt mindestens um 19 % steigern muss, um bei einem möglichen Verkauf zumindest denselben Geldbetrag zu erhalten.

Sollten Gewinne erzielt werden, so sind diese, wie bei allen Sachanlagen, nach einer Haltefrist von 12 Monaten steuerfrei.

Die Problematik der anfallenden Quellensteuer lässt sich mit einem bereits oben erwähnten zollfreien Auslandslager umgehen.

**Platin zollfrei kombiniert mit Lagerung kaufen**

Wer Platin erwerben möchte, sollte dies über ein Zollfreilager tun. Die Ersparnis der Mehrwertsteuer finanziert die dafür anfallenden Lagerkosten über viele Jahre.

Bei Einführung nach Deutschland werden Steuern fällig. Eine weitere Option ist der Kauf von Platin auf gewerblicher Basis. Zwar entfällt hier die Umsatzsteuer, doch bei Gewinnrealisierung werden dann je nach Unternehmensform die entsprechenden Abgaben fällig.

Weitere Informationen zur zollfreien Lagerung finden Sie unter:
**https://www.goldsilbershop.de/wertelager.html**

## Preis

### Platinpreis pro Feinunze in US-Dollar

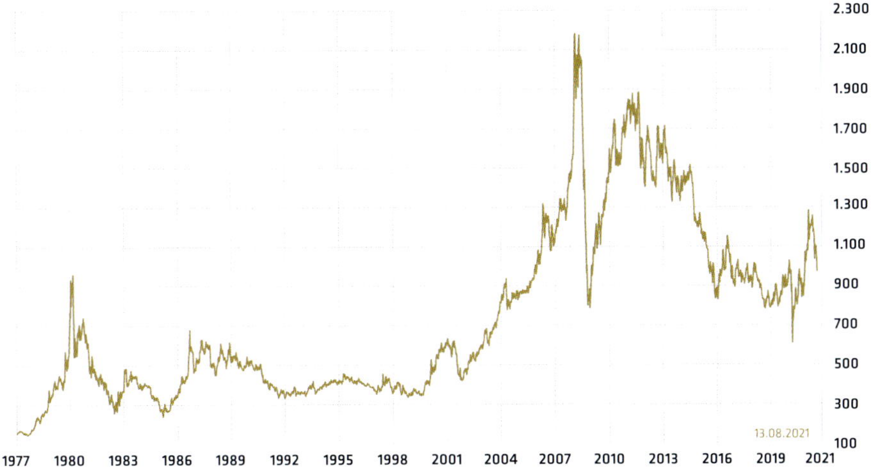


*Preisentwicklung von Platin*

Die Preisentwicklung von Platin hängt im Wesentlichen von der industriellen Nachfrage ab. Diese hat in den vergangenen 50 Jahren stark zugenommen. In jüngster Vergangenheit wurde Platin im Hauptnutzungszweck, den Abgaskatalysatoren, vom Palladium zurückgedrängt. Anlegern sollte jedenfalls bewusst sein, dass Risiko und Volatilität bei Platin deutlich höher sind als bei Gold und Silber.

## 11.2 Palladium

Palladium als Anlagemetall blickt auf eine sehr kurze Geschichte zurück. Vor allem durch den extrem stark gestiegenen Preis in den vergangenen Jahren hat sich dieser Rohstoff zunehmend ins Blickfeld der Anleger gedrängt.

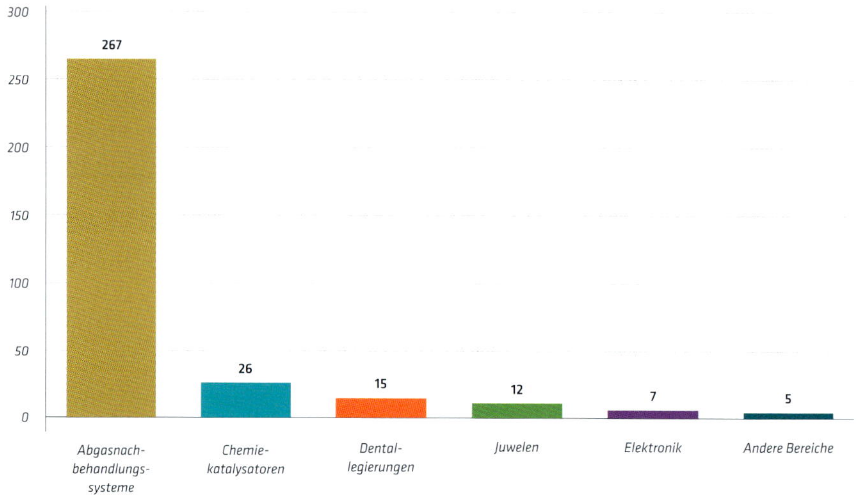


**Quelle: Norisk Nickel**

*Industrielle Verwendung von Palladium*

Palladium wird nahezu ausschließlich für industrielle Zwecke eingesetzt. Der Anteil zu Anlagezwecken ist eigentlich zu vernachlässigen. Mit dem Maple Leaf und dem Cook Island gibt es nur zwei nennenswerte Anlagemünzen in einer Palladiumausgabe.

Die Hauptverwendung ist, ebenso wie bei Platin, die Abgasnachbehandlung und die allgemeine Herstellung von Katalysatoren. Hierbei hat Palladium in den vergangenen Jahren dem Platin ein wenig den Rang abgelaufen, was sich folglich im starken Rückgang des Platinpreises bemerkbar macht. Für die meisten technischen Anwendungen besitzt Palladium die etwas besseren Eigenschaften als Platin und ist somit in der industriellen Verwendung schlichtweg attraktiver, solange die Preise ein vertretbares Niveau haben.

Für die Zukunft bietet vor allem der Bereich der Elektrotechnik noch einiges an Potenzial für den Einsatz von Palladium und Platin. Eine Prognose über zukünftige Entwicklungen ist an dieser Stelle leider schlichtweg nicht möglich.

## Steuer

Vgl. Platin

## Preis

### Palladiumpreis pro Feinunze in US-Dollar

*Preisentwicklung von Palladium*

Der Preis für Palladium ist in den vergangenen Jahren aufgrund des hohen Bedarfs an Abgasnachbehandlungssystemen extrem gestiegen. Dies bedeutet eine sehr hohe Abhängigkeit von diesem Markt. Es ist wohl kaum ein Abreißen dieses Trends zu erkennen, solange es noch klassische Verbrennungsmotoren gibt. Und genau hier liegt das Risiko.

Es ist sehr wahrscheinlich, dass langfristig die klassischen Verbrenner durch die E- und Wasserstoffmobilität ersetzt werden, und dann wird auch die Nachfrage nach Abgasnachbehandlungssystemen sinken.

Es bedarf also eines völlig neuen Verwendungszweckes oder einer deutlich gesteigerten Nachfrage aus dem Bereich der Elektrotechnik, um den Preis langfristig auf ein höheres Niveau zu heben.

## 11.3 Rhodium

Rhodium wird noch nicht an den internationalen Finanzmärkten gehandelt und ist für Privatanleger auch kaum zu bekommen. Eine Erwähnung hat dieses Edelmetall aber dennoch verdient.

Schließlich ist es vor allem für die zukünftige Entwicklung der Preise von Platin und Palladium relevant. Wie bereits erwähnt, ist hier vor allem die Nachfrage aus verschiedenen Technologiebereichen entscheidend. Wichtig zu wissen für die Edelmetallanleger: Rhodium kann das, was die anderen auch können, nur etwas besser und noch vieles mehr. Allen voran bieten sich weitere Anwendungen in der Elektrotechnik. Das hat in den vergangenen Jahren dem Preis einen enormen Auftrieb verliehen.

Von 2016 bis Mitte 2021 ist der Preis für ein 1 kg Rhodium von ca. 15.000 € auf über 520.000 € gestiegen. In der Spitze lagen die Preise sogar kurzzeitig bei mehr als 700.000 €. Solche Preisentwicklungen sind für Rohstoffe sehr ungewöhnlich und haben einen Seltenheitswert.

Getrieben durch die Preisrallye wird schlussendlich auch der Druck auf die Bereitstellung von Rhodium als Anlagemetall größer.

# 12 Bitcoin: Das neue Gold?

Seit dem großen Kurssprung des Bitcoins und sämtlichen anderen Kryptowährungen im Jahr 2018 und auch 2021 wird immer wieder die heiße Diskussion angestoßen, ob diese das neue »digitale Gold« seien.

Manche Meinungen gehen sogar so weit, dass die digitalen Währungen das physische Gold und Silber als sichere Häfen für Krisen gänzlich ablösen werden oder es bereits getan haben.

BITCOIN · DIGITAL · DECENTRALIZED · PEER TO PEER

Der Bitcoin hat einige Gemeinsamkeiten mit Gold, die durchaus den Anlass zu einer Gleichstellung geben: Beide »Güter« sind limitiert. Diese Begrenzung ist bei Gold natürlich bedingt und bei Kryptowährungen mathematischer Herkunft. Man kann zumindest einen Teil besitzen, ohne dass es regierungsnahe Institutionen wissen, und das auf legale Weise. Auch die Verkaufsgewinne sind nach einem Jahr sowohl bei Kryptowährungen als auch bei Gold steuerfrei.

Es gibt aber auch einige Differenzen. Den Mythos der ewigen Währung trägt der Bitcoin noch lange nicht mit sich, ganz im Gegenteil. Selbst die meisten aktuell existierenden Papiergeldwährungen haben schon eine vielfach längere Historie. Zudem ist auch die weltweite Akzeptanz als werthaltiges Zahlungsmittel bei den Kryptowährungen noch nicht allzu hoch. Sicherlich wird sich dies in den kommenden Jahren massiv ändern, und dennoch werden Kryptowährungen noch lange Zeit weit hinter der Akzeptanz von Gold und Silber zurückbleiben.

Ein weiteres Argument ist die nicht physische Präsenz der Kryptowährungen. Das enorme Sicherheitsgefühl, das Edelmetalle den Menschen vermittelt, beruht größtenteils auf der Tatsache, dass es sich anfassen lässt. Und bei Strom- oder Internetausfällen wird die rein digitale Präsenz des Bitcoins zu einem echten Problem. Die Wahrscheinlichkeit eines dauerhaften Blackouts ist sehr gering, würde aber den Bitcoin völlig nutzlos machen.

Zuletzt besitzen Kryptowährungen noch keine allzu lange Historie, aufgrund derer man das Krisenverhalten betrachten könnte. Gold erwies sich in sämtlichen Krisen als stabiler Rückhalt oder gar als Turbo für das eigene Vermögensportfolio. In der jüngsten Corona-Krise ist das ebenso der Fall. Was geschah hingegen bei den Blockchain-Währungen? Sie brachen noch schneller ein als die Aktienmärkte und verloren in der Spitze rund 60 %. Nach nur wenigen Wochen setzte zwar eine schnelle Erholung ein, von einer Krisenfestigkeit kann aber dennoch nicht die Rede sein.

Abschließend lässt sich die These klar widerlegen: Der Bitcoin ist definitiv kein Goldersatz. Sicherlich kann das durch eine Annäherung an das altbewährte Edelmetall in einigen Jahren anders aussehen. Eine gänzliche Ablösung von Gold und Silber als die absoluten Krisensicherungen wird es durch Kryptowährungen allerdings wohl niemals geben. Das schließt natürlich eine kleine Investition in diesem Bereich als Beimischung in der persönlichen Vermögensaufstellung nicht aus.

# 13 Das geeignete Anlageportfolio

Eine sehr häufig gestellte Frage vonseiten der Privatanleger ist verständlicherweise die, wie das eigene Anlageportfolio nun aussehen soll. Diese Frage kann pauschal nicht beantwortet werden, denn das Anlageportfolio hängt sehr stark von persönlichen Präferenzen und der Risikobereitschaft ab. Nachfolgend möchte ich Ihnen einige Anlagestrategien vorstellen, die sich für Edelmetallanlagen bewährt haben.

## 13.1 Edelmetallanteil zwischen 5 und 100 % empfehlenswert

Wie hoch der Anteil des Privatvermögens sein soll, das ein Anleger in Edelmetalle investieren möchte, hängt zuallererst von der eigenen Erwartung ab. Genügen beispielsweise schon knapp 5 % Rendite per annum, so kann man ruhig bis zur Hälfte der eigenen Mittel in diesem Bereich investieren.

Andere halten es jedoch für sinnvoller, den Großteil der Portfolioallokation auf die renditestarken Anlageklassen Aktien, Grundstücke und Immobilien und nur 5 bis 10 % auf Edelmetalle zu setzen. Vor allem Aktien boten langfristig die höchsten Ertragschancen. Zumindest war dies oftmals in den vergangenen 150 Jahren der Fall.

Ich persönlich gehe von schwierigen Zeiten in der Wirtschaft, Politik und den Kapitalmärkten aus und habe daher rund zwei Drittel meines Vermögens in Edelmetalle investiert:

**Anzahl Monate der US-Wirtschaft in Rezession pro Dekade**

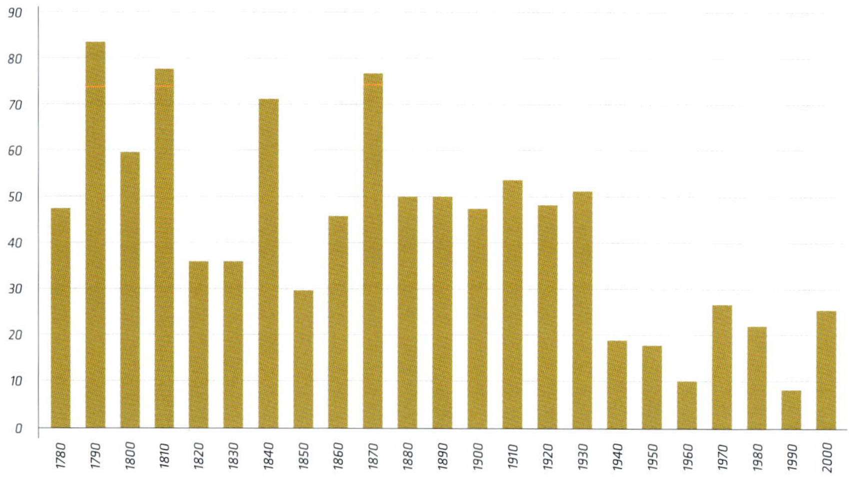


*Rezession ausgestorben?* **Quelle: https://www.friedrich-partner.de**

Wie Sie dem Schaubild entnehmen können, gehörten Aufschwung und Rezession unzertrennlich zur Wirtschaft dazu – das Auf und Ab ist ein natürlicher Kreislauf. Durch die Politik der Notenbanken wurden Rezessionen »wie durch Magie« quasi »ausgerottet«. Dass dies so bleibt, glaube ich nicht. Vielmehr wird uns das Versäumte mit einer unglaublichen Wucht einholen.

Diese »Magie« ist ein globales Problem – ausufernde Staatsschulden. Nachfolgend exemplarisch anhand der USA dargestellt:

**US-Staatsschulden in Milliarden Dollar**

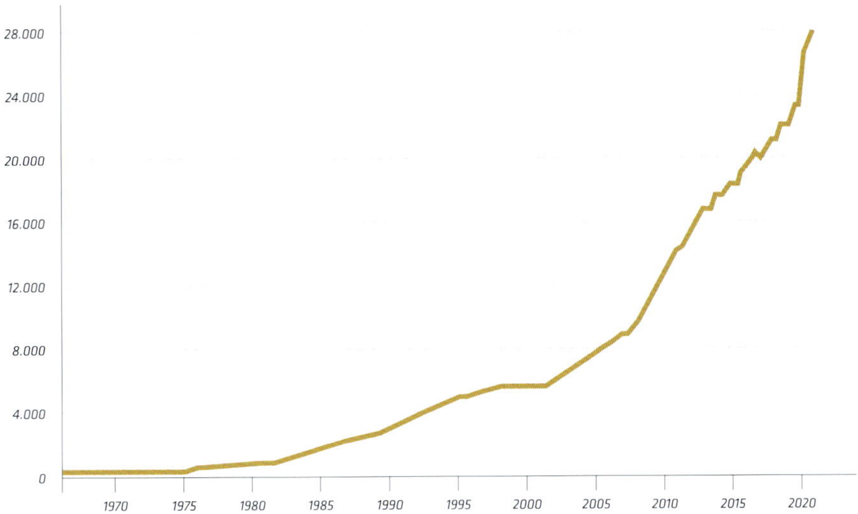


*Staatsschulden in schwindelerregender Höhe* **Quelle: https://www.friedrich-partner.de**

Edelmetalle sollten sinnvollerweise als eine Absicherung genutzt werden, da diese in der Regel dann gut laufen, wenn bei den renditestarken Anlageklassen schwierige Zeiten herrschen.

Wenn ich Ihnen eine pauschale Empfehlung geben darf: Zwischen 5 und 20 % der verfügbaren Gelder in Edelmetalle anzulegen ist ein guter Wert, der eine Mischung aus Sicherheit und attraktiven Renditen ermöglicht.

### Portfoliosimulator

Wie sich ein Portfolio mit und ohne Gold in der Vergangenheit ausgewirkt hat, lässt sich mit dem Portfoliosimulator des World Gold Councils nachvollziehen. Spielen Sie doch einmal selbst anhand historischer Wertentwicklungen unterschiedlicher Anlageklassen durch, wie gut Gold Ihrem Portfolio getan hätte:
**https://www.gold.org/goldhub/portfolio-tools/simulator**

Sind Sie, wie ich, eher skeptisch, was unsere wirtschaftliche Zukunft angeht, erhöhen Sie Ihren Edelmetallanteil auf bis zu 100 %.

Auch exotische Anlagen wie Whisky, Gemälde oder Oldtimer können eine gute Beimischung sein. Hier sollte der Anleger allerdings ein entsprechendes Faible und Knowhow mitbringen.

Auch gibt es noch Geldeinlagen (Tagesgeld, Festgeld), festverzinsliche Wertpapiere und Versicherungen. All diese Möglichkeiten haben drei Gemeinsamkeiten: Die Privatanleger haben viel zu viel davon, die Ertragserwartung ist sehr gering (nicht nur in der Niedrigzinsphase) und das Risiko ist deutlich höher, als die vorherrschende Meinung annimmt. Ich rate Ihnen also, nicht allzu viel des von Ihnen hart erarbeiteten Geldes in diesen Anlageklassen anzulegen.

## Sicherheiten

Das Geld auf Ihrem Konto gehört nicht Ihnen, sondern der Bank.
Ein weitverbreiteter Irrglaube ist, dass das Guthaben, das Sie auf Ihren Bankkonten haben, Ihnen gehören würde. Dem ist nicht so. Mehr dazu erfahren Sie in diesem Video von Marc Friedrich:
**https://youtu.be/WEM0fw73iGo**

Auch garantierte Leistungen Ihrer Lebensversicherung können Ihnen genommen werden.
Die Annahme, dass garantierte Leistungen aus Lebens- und Rentenversicherungen tatsächlich unwiderruflich garantiert sind, ist falsch: In Paragraf 314 des Versicherungsaufsichtsgesetzes hat der Gesetzgeber die Möglichkeit geschaffen, dass Versicherungsgesellschaften Auszahlungen aussetzen und zugesagte Leistungen nachträglich reduzieren dürfen. Mehr dazu erfahren Sie in diesem Video:
**https://www.youtube.com/watch?v=12RJKztbibE**

## 13.2 Dow Jones / Gold-Ratio – oder wie Sie innerhalb von 100 Jahren aus 200 Dollar 12 Millionen Dollar machen!

Was zunächst unglaublich klingt, basiert auf historischen Daten: Mit einer geschickten, aber dennoch einfachen Anlagestrategie könnten Sie aus 200 Dollar in den letzten 100 Jahren 12 Millionen Dollar machen. Dazu war lediglich eine Bewertung nötig, ob Gold gerade günstiger ist als Aktien oder umgekehrt. Je nachdem, was gerade günstig ist, wurde gekauft.

Das nachfolgende Kapitel »Dow Jones / Gold-Ratio – oder wie Sie innerhalb von 100 Jahren aus 200 Dollar 12 Millionen Dollar machen!« ist dem Buch »Die größte Chance aller Zeiten« von Spiegel-Bestsellerautor Marc Friedrich entnommen.

Marc Friedrich ist Deutschlands erfolgreichster Sachbuchautor (6 Bestseller in Folge), ausgewiesener Finanzexperte, gefragter Redner, YouTube-Star, bekannt aus Funk und TV, Vordenker, Freigeist und Honorarberater.

Der studierte Betriebswirt erlebte 2001 den Staatsbankrott der argentinischen Regierung und dessen ruinöse Folgen für das Land und seine Bürger aus nächster Nähe mit. Seitdem beschäftigt er sich mit dem Geldsystem, der Wirtschaftsgeschichte und der Vermögenssicherung. Marc Friedrich berät strategisch seit über einem Jahrzehnt erfolgreich international Privatpersonen, Unternehmen, Spitzensportler, Schauspieler, Family Offices, Stiftungen und Pensionskassen zur Vermögenssicherung, Asset-Allokation und Krisenvorsorge.

Seit 2006 baut er maßgeschneiderte, individuelle Strategien zur Vermögenssicherung für seine Kunden vom Privatanleger, Unternehmen bis hin zum Family Office. Und das weltweit!

Marc Friedrich ist ein Vordenker, immer neugierig, in keiner Denkschublade verhaftet, kein Dogmatiker und weder Optimist noch Pessimist, sondern Realist!

Mehr über Marc Friedrich erfahren Sie unter **www.friedrich-partner.de** sowie

**www.youtube.com/c/MarcFriedrich7**

**@marcfriedrich7**

**@marcfriedrich7**

Wie können Sie aber nun herausfinden, ob ein Asset gerade günstig oder teuer bewertet ist? Woher wissen Sie, wann der richtige Einstiegszeitpunkt für Gold oder Aktien gekommen ist? Und wie können Sie das selbst umsetzen, ohne dafür ein Finanzstudium absolvieren zu müssen? Lassen Sie uns im Folgenden einen Blick auf die Dow Jones / Gold-Ratio werfen. Diese Methode ist eine unserer vielen bewährten und erfolgreichen Ansätze in der Honorarberatung.

Achtung: Dieses Kapitel birgt für Sie das Risiko, dass Sie das Investieren nie wieder mit denselben Augen betrachten. Lesen auf eigene Gefahr! Nach der Lektüre kann es durchaus sein, dass Sie sich von Ihrem Vermögensverwalter, Ihrem Family Office oder Ihrer Bank trennen.

## 13.2.1 60.000 % Rendite

Seien Sie aber nun gespannt, wie Sie innerhalb von nur 100 Jahren Ihr Vermögen auf das 60.000-Fache gesteigert hätten, ohne auch nur ein Mal eine Unternehmensbilanz oder Wirtschaftszeitung lesen zu müssen.

Das klingt unglaublich? Zu schön, um wahr zu sein? Unmöglich? – Auf den folgenden Seiten lernen Sie vielleicht mehr über das Investieren als an jeder Wirtschaftseliteuniversität von Stanford bis Sankt Gallen.

Der Dow Jones wird oft als Mutter aller Börsenindizes bezeichnet. Den »Dow« gibt es seit 1884 und er umfasst 30 große amerikanische Unternehmen. Wie schon beschrieben, bewegen sich alle Finanzmärkte in Zyklen. Es ergibt daher in unseren Augen keinen Sinn, stur über Jahrzehnte nur ein Asset zu halten – weder Gold noch Aktien oder Anleihen. Man darf sich beim Investieren nie in einen Vermögenswert verlieben und nicht dogmatisch werden. Wer bestehende Zyklen erkennt, setzt immer auf das richtige Pferd. Es mag mal zu früh oder zu spät sein, aber der generelle Trend gilt. Sobald ein Trend erkennbar ist, bin auch ich (Marc Friedrich) mutig genug, ihn auszurufen – so wie 2016 und 2019 den Bitcoin, 2007 und 2019 die Edelmetalle, 2020 das Uran und weitere Rohstoffe et cetera.

### »Schlechte« Investments

*Das ist eine der wichtigsten Schlussfolgerungen, die Sie aus dem Buch »Die größte Chance aller Zeiten« mitnehmen können: Je nachdem, wo wir uns im Zyklus befinden, können entweder Aktien oder Edelmetalle ein »unattraktives« Investment sein. Machen Sie sich bitte immer bewusst, an welcher Stelle wir uns im Zyklus befinden, und treffen Sie dementsprechend Ihre Investmententscheidungen. Wie Sie das machen, schauen wir uns gleich näher an.*

Darüber hinaus ist es nicht zielführend, Anlageklassen in Euro, Dollar oder einer anderen Papiergeldwährung zu bemessen. Dies würde voraussetzen, dass die jeweilige Einheit Euro oder Dollar wertstabil ist. Da aber alle Papiergeldwährungen konstant an Wert verlieren, sind sie als Maßstab genauso ungeeignet wie ein Meterstab, der jedes Jahr um einen Zentimeter kürzer wird. Aktienmärkte steigen in erster Linie deshalb nominal, da es zu einer starken Entwertung der jeweiligen Währungen kommt, in dem der Markt bepreist wird.

Besonders in Zeiten von Inflation verändern sich die Maßstäbe fast täglich und liefern keine brauchbaren Aussagen über den Wert. Den echten Wert eines Guts können Sie nur herausfinden, wenn Sie den Wert von verschiedenen Vermögensklassen oder -gegenständen miteinander vergleichen. Dies führt zu deutlich neutraleren und objektiven Resultaten, wie wir gleich in einem Beispiel zeigen werden.

Dies ist vielleicht die zweite wichtige Schlussfolgerung aus diesem Kapitel: Beginnen Sie, Ihr Haus oder Ihre Aktien in »harten« Währungen wie Gold oder Silber zu bemessen.

Schauen Sie sich zum Beispiel den Goldpreis im Jahr 2000 an (300 €) und vergleichen Sie den Wert Ihres Eigenheims damit.

Beispiel: Goldpreis im Jahr 2000: 300 €. Hauspreis im Jahr 2000: 300.000 €

Ein Kaufinteressent würde 1000 Feinunzen Gold benötigen, um Ihr Haus zu kaufen.

**Goldpreis im Jahr 2021:** 1.800 €
**Hauspreis im Jahr 2021:** 900.000 €

Auf den ersten Blick freuen Sie sich. Ihr Haus hat sich im Wert verdreifacht. Gemessen in Feinunzen Gold ist Ihr Haus aber auf einmal nur noch 500 Feinunzen Gold wert und hat sich somit gemessen in Gold im Wert halbiert. Der scheinbare Wertgewinn in Papiergeld ist eine Illusion.

## 13.2.2 Dow Jones / Gold-Ratio

Um das Ganze nun noch greifbarer und in der Praxis anwendbar zu machen, werfen wir nun im Folgenden einen Blick auf die Dow Jones / Gold-Ratio. Die Rechnung wurde zum ersten Mal vom amerikanischen Analysten Houston Molsar von Booner & Partners durchgeführt.

Ehre, wem Ehre gebührt. Soweit uns bekannt ist, wurde diese Rechnung aber noch nie in einem deutschen Wirtschaftsbuch veröffentlicht. Dabei ist sie für jeden anwendbar, ohne jegliches Wissen über Wirtschaft und Finanzen.

**Dow-Gold-Ratio**

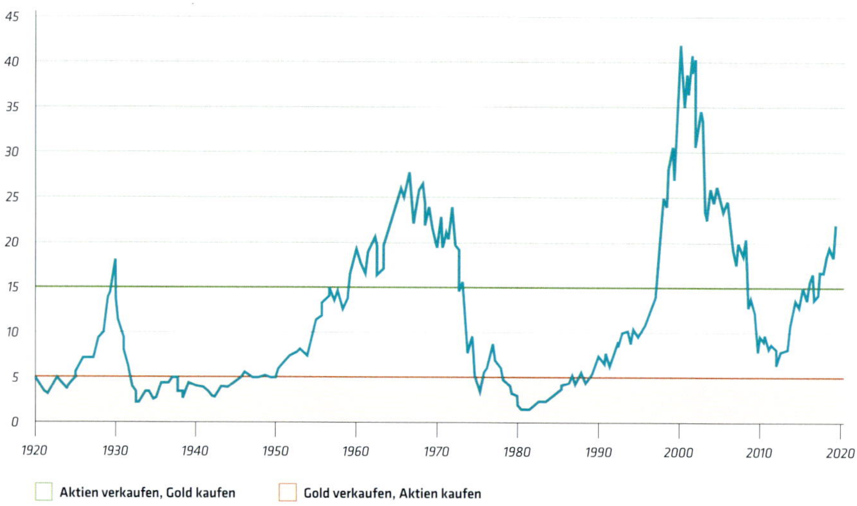


**Quelle: https://www.friedrich-partner.de**

*Dow Jones / Gold-Ratio zeigt: Gold gerade günstig*

Für diese Ratio teilen wir einfach den aktuellen Preis des Dow Jones durch den aktuellen Goldpreis. Führen wir diese Berechnung durch, erhalten wir eine Zahl, die die aktuelle Ratio definiert. Prompt sehen wir, dass gemessen in

Gold der Aktienmarkt im Jahr 2000 sein absolutes Allzeithoch erreicht hat und heute weit davon entfernt ist.

Dies unterstreicht noch mal die Wichtigkeit, Vermögenswerte gegenüberzustellen. Gemessen in Fiat-Währungen eilen die Aktienmärkte natürlich von einem Hoch zum Nächsten, aber es ist eine Illusion des vielen billigen Geldes, das den Wert der Währung inflationiert.

Nun wollen wir Sie aber nicht länger auf die Folter spannen. Schauen wir uns die Dow Jones / Gold-Ratio in der Praxis an.

## Ausgangslage 2020:

**Dow Jones:** 31.000 Punkte
**Goldpreis:** 1.800 Dollar
**Dow Jones / Gold-Ratio:** 31.000/1.800 = 17,22

Dies bedeutet, dass wir aktuell für 17,22 Feinunzen Gold einmal den kompletten Dow Jones kaufen können.

Wer diese Rechnung über die letzten 100 Jahre durchführt, erhält den Chart Dow Jones / Gold-Ratio.

Was als Erstes ins Auge sticht: Gemessen in Gold befindet sich der Dow Jones etwa auf dem Niveau von 1960. Hätten Sie also in 1960 in den Dow Jones investiert, könnten Sie sich von dem Investment in 2020 genauso viele Feinunzen Gold kaufen wie im Jahr 2020. Das klingt unglaublich, ist aber so.

Was als Zweites ins Auge sticht: Der Wert des Dow Jones gegenüber Gold bewegt sich in Zyklen. Was sagt dieser Chart in der letzten Abbildung nun aus?

1. Steht die Ratio besonders hoch, sind Aktien im Verhältnis zu Gold überbewertet. Hier erscheint es also sinnvoll, Aktien zu verkaufen und dafür Gold zu erwerben.
2. Steht die Ratio besonders tief, ist Gold im Verhältnis zu Aktien überbewertet. Hier ist also das genaue Gegenteil ratsam. Aktien sind günstig und Gold teuer.

Je nachdem, an welchem Punkt der Ratio wir uns befinden, investieren wir also wahlweise in Gold oder in den Dow Jones, respektive in die Assetklasse Aktien.

Um das Beispiel einfach zu halten, gehen wir extrem konservativ und simpel vor.

Fällt die Ratio unter 5, dann gilt:

→ Wir verkaufen unser gesamtes Gold.

→ Wir reinvestieren alles in Aktien.

Steigt die Ratio über 15, dann gilt:

→ Wir verkaufen all unsere Aktien.

→ Wir investieren alles in Gold.

That's it! Wir versuchen also nicht, den Markt genau zu timen und das Maximum rauszuholen. Das schafft niemand, auch wir nicht. Natürlich würde sich mit flexibleren Regeln die Rendite noch weiter optimieren lassen. Allerdings wollen wir dieses Konzept so nutzerfreundlich wie möglich machen und Ihnen daher klare Richtlinien an die Hand geben, ohne dass Sie dazu weitere Informationen benötigen. Mit dieser Strategie hätten Sie über die vergangenen 100 Jahre insgesamt nur sechs Investmententscheidungen treffen müssen. Das klingt doch machbar, oder nicht?

## Dow Jones-Ratio

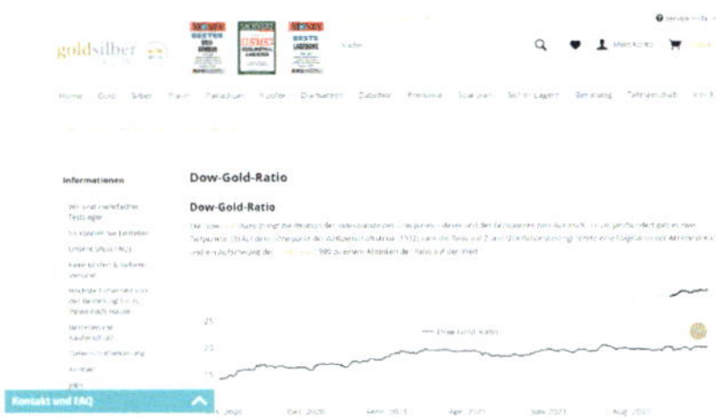


Die Ratio müssen Sie übrigens nicht einmal selbst berechnen. Die Daten für die Dow Jones / Gold-Ratio stehen an vielen Orten im Internet frei und kostenlos zur Verfügung – auch auf unserer Webseite: **www.friedrich-partner.de** sowie unter **www.goldsilbershop.de/dow-gold-ratio.html** und in der SOLIT App.

Schauen wir uns das Ganze im Detail an: Wir starten unser Beispiel mit dem Jahr 1918. Die Ausgangslage: Unser Besitz sind 10 Feinunzen Gold zu einem damaligen Wert von 20,67 Dollar pro Feinunze. Wir besitzen also insgesamt 206,70 Dollar.

## 13.2.3 Sechs Entscheidungen zur finanziellen Unabhängigkeit

### Erste Entscheidung: Januar 1918

**Besitz 1918:** 10 Feinunzen Gold oder 206,70 Dollar
**Dow Jones:** 76,68 Punkte
**Gold:** 20,67 Dollar pro Feinunze
**Ratio:** 76,68 / 20,67 = 3,7

**Handlung:** Die Ratio liegt unter 5, das heißt Aktien sind im Verhältnis zu Gold günstig. Wir verkaufen unsere 10 Feinunzen Gold und investieren die 206,70 Dollar in den Dow Jones.

**Investiert in:** Aktien

### Zweite Entscheidung: Februar 1929

Ein Jahrzehnt ist vergangen, die »Roaring Twenties« nähern sich dem Ende.
**Dow Jones:** 310 Punkte
**Gold:** 20,63 Dollar pro Feinunze
**Ratio:** 310 / 20,63 = 15

Die Dow Jones / Gold-Ratio überschreitet zum ersten Mal die Marke von 15.

**Handlung 1:** Wir verkaufen unsere Aktien zu einem Wert von 1463 Dollar mit einer Rendite von 608 % inklusive reinvestierter Dividenden (310 % ohne Dividenden).

**Handlung 2:** Wir kaufen von unserem Kapital 71 Feinunzen Gold zu einem Preis von 20,63 Dollar.

**Besitz 1929:** 71 Feinunzen Gold oder 1.463 Dollar

**Investiert in:** Gold

## Dritte Entscheidung: September 1931

Dieses Mal müssen wir kein weiteres Jahrzehnt warten. Dank unserem Plan gelingt es uns, unser Geld rechtzeitig vor der großen Depression 1929 und damit dem schlimmsten Aktiencrash in der Geschichte in 1929 zu sichern.

Kurze Zeit später, im September 1931, fällt die Dow Jones / Gold-Ratio unter 5 und wir müssen aktiv werden. Wichtig zu wissen: der Goldpreis ist in den 1920er- und 1930er-Jahren von der Regierung fixiert und an den Dollar gebunden, dadurch bleibt der Goldpreis trotz aller Turbulenzen augenscheinlich »stabil«. Allerdings haben Aktien extrem an Wert verloren und sind als Investment wieder attraktiv geworden.

**Dow Jones:** 99,80 Punkte
**Gold:** 20,63 Dollar pro Feinunze
**Ratio:** 99,80/20,63 = 5

**Handlung 1:** Wir verkaufen unser Gold und erhalten unsere 1.463 Dollar zurück.

**Handlung 2:** Wir investieren das gesamte Geld in den Dow Jones.

**Besitz 1931:** 1.463 Dollar (Wert in Gold: 71 Feinunzen)

**Investiert in:** Aktien

## Vierte Entscheidung: September 1958

**Dow Jones:** 530 Punkte
**Gold:** 35,10 Dollar pro Feinunze
**Ratio:** 530/35,10 = 15

Fast 20 Jahre mussten wir nicht über unsere Investments nachdenken, aber im September 1958 ist es wieder so weit.

**Handlung 1:** Wir verkaufen unsere Aktien für 31.084 Dollar mit einem Return von 2025 % inklusive Dividenden (diese allein machen 430 % aus – das zeigt, wie extrem wichtig es ist, Dividenden zu reinvestieren und den Zinseszinseffekt ausnutzen!).

**Handlung 2:** Wir kaufen 885,58 Feinunzen Gold für 35,10 Dollar pro Feinunze.

**Besitz 1958:** 885,58 Feinunzen Gold oder 31.084 Dollar

**Investiert in:** Gold

### Zwischenfazit nach 40 Jahren

Nach gut 40 Jahren haben wir durch vier für jeden nachvollziehbare und kopierbare Entscheidungen aus 10 Feinunzen Gold unglaubliche 885 Feinunzen gemacht. Wir haben nach wie vor keine einzige Unternehmensbilanz gelesen, haben von niemandem Aktientipps benötigt und kein einziges Mal mit einem Bankberater gesprochen.

## Fünfte Entscheidung: April 1974

**Dow Jones:** 839,96 Punkte
**Gold:** 169,50 Dollar pro Feinunze
**Ratio:** 839,96/169,50 = 5

Im April 1974 sind wir wieder bei einer Ratio von 5 angelangt, das heißt, es ist Zeit, Gold zu verkaufen.

**Handlung 1:** Wir verkaufen unsere 885,58 Feinunzen Gold für 150.105 Dollar.

**Handlung 2:** Wir kaufen wieder den Dow Jones.

**Besitz 1974:** 150.105 Dollar (Wert in Gold: 885,58 Feinunzen)

**Investiert in:** Aktien

### Entscheidung nicht perfekt – aber sicher!

Der Goldpreis wird in diesem Zyklus bis auf 850 Dollar im Jahr 1980 steigen und die Dow Jones / Gold-Ratio wird ein Rekordtief von 1,32 erreichen. Wir verkaufen also hier im April 1974 viel zu früh. Allerdings besteht das Ziel der Ratio nicht darin, Marktextreme zeitlich perfekt zu treffen, sondern jeweils konservativ ein zu hoch bewertetes Asset gegen ein günstiges einzutauschen. In der Praxis als erfahrener Anleger können Sie natürlich versuchen, nicht nur auf die Ratio zu achten, sondern auch das aktuelle Marktumfeld zu bewerten. Aber behalten Sie im Hinterkopf: Damit wird automatisch die Fehleranfälligkeit höher!

## Sechste Entscheidung: Juli 1996

**Dow Jones:** 5.729,98 Punkte
**Gold:** 382 Dollar pro Feinunze
**Ratio:** 5.729,98/382 = 15

Im Juli 1996 müssen wir unsere bislang letzte Entscheidung treffen. Die Ratio überschreitet 15. Wir verkaufen Aktien und investieren in Gold.

**Handlung 1:** Wir verkaufen unsere Aktien für 2,57 Millionen Dollar. Dies entspricht inklusive Dividenden einem Return von 1614 % seit 1974 (ohne Dividenden 549 %).

**Handlung 2:** Wir kaufen dafür 6.734 Feinunzen Gold zu einem Preis von 382 Dollar je Feinunze.

**Besitz 1996:** 6.734 Feinunzen Gold oder 2,57 Millionen Dollar

**Investiert in:** Gold

### Abermals kein perfektes Markttiming – aber das Ergebnis überzeugt

Auch hier haben wir wieder kein perfektes Markttiming. Der Dow Jones verdoppelt sich in der Zeit von 1996 bis 2000. Dies war vermutlich die härteste Phase während der zurückliegenden 100 Jahre. Wer Ende der 1990er-Jahre in Gold investiert hatte, muss sich wie der letzte Depp vorgekommen sein. Die Aktienmärkte, besonders die Kurse der Internet-Aktien, eilten von einem Hoch zum nächsten und erreichten fast wöchentlich neue Rekorde. Börse und Investoren befanden sich im Rausch, während ein Investment in Gold sogar zu negativen Renditen führte. Als Goldinvestor im Jahr 1999 war man eine Lachnummer, wer benötigte schließlich noch das alte staubige Metall in der neuen digitalen Welt? Aber wer zuletzt lacht, lacht bekanntlich am besten.

Denn mit unserer Strategie lassen wir die beiden großen Aktienmarkt-Einbrüche von 2000 und 2008 aus, während der Goldpreis auf nie da gewesene Rekordhöhen klettert.

In 2011 fällt die Ratio bis auf 7. Das heißt, wir verfehlen nur knapp unser Ziel von 5 und investieren nicht in Aktien. Hier wäre es eigentlich aus makroökonomischer Sicht ein guter Zeitpunkt gewesen, nochmal in den Aktienmarkt zurückzukehren, aber auch das lassen wir aus, weil wir uns fest an unseren Plan halten und für dieses Beispiel unsere eigene subjektive Meinung außen vor lassen.

### 13.2.4 Zusammenfassung

- → Wir haben in den vergangenen 100 Jahren sechs Investmententscheidungen treffen müssen.
- → Wir haben in dieser Zeit keine einzige Nachricht über Wirtschaft und Finanzen gelesen, sondern unser Leben genossen.
- → Wir haben mehrere Male nicht das absolut perfekte Timing an den Tag gelegt.
- → Wir haben lediglich zwischen dem Dow Jones und Gold gewechselt. Wir haben keine anderen Edelmetalle, Technologieaktien oder Minenaktien gekauft, um unsere Rendite zu erhöhen.

**Ergebnis:** Trotz einiger nicht zu 100 % optimaler Entscheidungen ist uns ein atemberaubendes Ergebnis gelungen:

**Stand 2021:** Unsere 6.734 Feinunzen Gold haben sich seit dem Kauf im Juni 1996 nochmals fast verfünffacht. (Goldpreis: 1.800 Dollar)

**Besitz:** 6.734 Feinunzen oder 12,14 Millionen US-Dollar.

Und so haben wir mit sechs einfachen Entscheidungen innerhalb eines Jahrhunderts aus 206,70 Dollar insgesamt 12,14 Millionen Dollar gemacht. Haben wir zu viel versprochen?

## Unser Investment in Zahlen

**Rendite: 60.000 %**

Was wäre gewesen, wenn wir seit 1918 entweder nur Gold oder nur in Aktien gehalten hätten?

**Gold (Preis: 1.800 Dollar):** 10 Feinunzen von 1918 wären heute 18.000 Dollar wert.

**Aktien (Dow Jones 31.000 Punkte):** Der Stand belief sich 1918 auf circa 80 Punkte. Dies würde eine Rendite von 38.750 % entsprechen.

Sie sehen: Mit unserer einfachen Strategie hätten Sie eine deutlich bessere Performance erzielt. Sie sehen auch: Es ergibt wenig Sinn, Gold über mehrere Jahrzehnte blind zu halten. Das Motto lautet vielmehr:

Es gibt Zeiten, da möchten Sie kein Gold besitzen, und es gibt Zeiten, da möchten Sie nichts anderes besitzen. **Wir sind mitten in dieser Zeit.**

Das Geheimnis hinter dieser gesamten Strategie ist schön und einfach: Sie verdienen beim Investieren Geld, indem Sie wahlweise Aktien oder Gold kaufen, wenn das betreffende Asset günstig ist, und verkaufen, wenn es teuer ist. **Dies ist der wichtigste Grundsatz beim Investieren: Buy low, sell high.**

Wir hoffen, mit diesem praktischen Beispiel haben wir Ihnen ein wertvolles Instrument an die Hand gegeben, mit dem Sie jederzeit selbst eine Bewertung durchführen können, ohne unsere Hilfe zu benötigen.

Ein weiterer Schritt in die finanzielle Selbstständigkeit ist damit getan. Vielleicht sagen Sie aber nun auch, ich habe doch keine 100 Jahre Zeit. Dieses Beispiel kann ich niemals in die Praxis umsetzen.

Hier wollen wir Sie dazu anhalten, langfristig zu denken! Sie erkennen sicher das eine oder andere begüterte Familiengeschlecht oder die eine oder andere erfolgreiche Unternehmerfamilie. Mit Ausnahme einiger Bankierdynastien beruhen das Geheimnis und der Erfolg dieser Familien auf einer langfristigen Strategie und Ausrichtung ihrer Assets. **Denken Sie in Generationen!**

Denken Sie beim Investieren heute bereits an Ihre Kinder und Enkelkinder. Aber vielleicht werden wir auch durch die fortschreitende Medizin und Technologie 120 Jahre alt oder noch älter. Es wäre wirklich zu dumm, wenn dann die Kohle schon mit 100 Jahren ausginge. Treffen Sie heute die richtigen Entscheidungen, werden Ihre Nachfahren oder Ihr zukünftiges Ich Ihnen für immer dankbar sein. Und erinnern Sie sich darüber hinaus, dass wir in unserer Beispielrechnung bereits nach 40 Jahren unseren Goldbesitz um das 80-Fache erhöht hatten. Beginnen Sie also bitte, langfristig zu denken. Nur so können Sie finanziell unabhängig und frei werden. Wer auf das schnelle Geld setzt, wird meist nur eines: schnell arm.

## Ausblick

Was bedeutet das für Sie? Daten zu Beginn des Jahres 2021:

| | |
|---|---|
| **Dow Jones:** | 31.000 Punkte |
| **Gold:** | 1.800 Dollar pro Feinunze |
| **Ratio:** | 17,22 |

Handlung: Sollten Sie in Aktien investiert sein, wäre nun ein guter Zeitpunkt umzuschichten. Sollten Sie in Gold investiert sein, gibt es nichts zu tun, außer abzuwarten.

**Wir erwarten, dass die Ratio in dieser Dekade ähnlich wie 1980 in den Bereich von 1 bis 3 fallen könnte. Es wäre sogar denkbar, dass die Ratio zum ersten Mal unter den Wert von 1 fällt!**

Ob Sie das Timing bis zum Maximum ausreizen oder sich strikt an den Plan halten und bei 5 verkaufen, überlassen wir Ihnen. Hier eröffnet sich allerdings bereits über diese Dekade eine vermutlich einmalige Investment-Chance. Eine solche Gelegenheit bekommt man nicht so oft im Leben. Und nun wissen Sie sogar darüber Bescheid!

Die Ratio wird nicht von heute auf morgen nach unten fallen. Vielleicht steigt sie sogar nochmals über die kommenden Monate an, ähnlich wie am Ende der 1990er-Jahre. Vielleicht werden Sie sich über die kommenden Monate als Goldinvestor auch nochmals zur Lachnummer machen. Aber wie vor etwa 20 Jahren wird auch dieses Mal das Resultat das Gleiche sein. Die Ratio wird einen neuen Tiefpunkt erreichen und Goldinvestoren zu Gewinnern machen. Während dieser Zeit wird der größte Vermögenstransfer der Geschichte stattfinden: Von Menschen, die Papierwerte besitzen, zu Menschen, die harte Assets wie Edelmetalle ihr Eigen nennen. Die ist wirklich eine einmalige Chance, die wir vermutlich in diesem Ausmaß in den kommenden 50 Jahren nicht mehr erleben. Nutzen Sie sie!

## 13.3 Regelmäßiges Kaufen: Mit oder ohne Sparplan zur Altersvorsorge

Wer erst durch regelmäßiges Kaufen ein Edelmetallvermögen aufbauen oder sein bestehendes Vermögen durch Selbiges aufstocken möchte, hat dazu grundsätzlich drei Möglichkeiten:

- → Zu festen Zeitpunkten regelmäßig einen festen Geldbetrag in kleinere Barren und Münzen »einzutauschen«.
- → Zu festen Zeitpunkten regelmäßig einen festen Geldbetrag zur Seite legen und, wenn genug zusammengekommen ist, einen großen Barren oder große Münze kaufen.
- → Zu festen Zeitpunkten regelmäßig einen festen Geldbetrag im Rahmen eines Sparplans in Edelmetalle investieren.

Alle drei Varianten haben ihre Vor- und Nachteile, die ich im Folgenden mit Ihnen gemeinsam näher betrachten möchte:

Wir gehen in unserem Beispiel davon aus, dass Sie monatlich 100 € als Altersvorsorge in Edelmetalle investieren möchten.

### 13.3.1 Monatlich kleine Barren und Münzen kaufen

Wer jeden Monat regelmäßig 100 € in Gold anlegen möchte, hat den Nachteil, dass der Preis pro Gramm Gold für kleine Barren und Münzen deutlich höher ist als für größere.

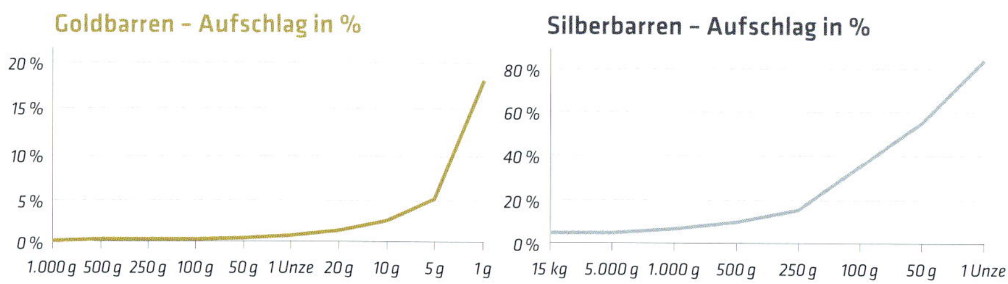


*Preisaufschlag von Barren nach Gewichtseinheiten*

So kostet ein 1 g-Goldbarren circa 60 €. Bei einem 2 g-Barren fällt der Grammpreis mit circa 55 € schon deutlich niedriger aus. Ab einem 20 g-Barren unterschreitet der Grammpreis sogar die 50 €-Marke – wie in dem Diagramm zu sehen ist, fällt der Preis pro Gramm deutlich, je größer der Barren ist.

Ein weiterer Nachteil ist, dass der Betrag von 100 € aufgrund der Stückpreise der Barren und Münzen nicht leicht voll investiert werden kann. Man würde in dem Beispiel einen 1 g-Barren für circa 60 € bekommen und hätte noch 40 € übrig.

Wenn man die 100 € möglichst voll investieren möchte, könnte man den Restbetrag noch in Silbermünzen investieren. Dann hätte man gleichzeitig eine Aufteilung zwischen den beiden Edelmetallen vorgenommen. Eine Silber-Maple-Leaf-Unze kostet zurzeit circa 25 €. Eine halbe Unze Arche Noah bekommt man für circa 15 € und eine viertel Unze für circa 8 € – man hätte so in Summe also rund 98 der 100 € investiert und würde fortan vom Steigen der beiden Edelmetalle profitieren.

Durch das monatliche Investieren nutzt man zudem den Cost-Average-Effekt für sich – ein mächtiges Instrument zum Vermögensaufbau: Ähnlich wie bei der zuvor beschriebenen Dow-Gold-Ratio kauft man immer dann mehr, wenn etwas günstig ist, und wenn die Preise teurer sind, kauft man weniger.

## Was ist der Cost-Average-Effekt?

Der Durchschnittskosteneffekt – so die deutsche Übersetzung von »Cost-Average-Effekt« – kommt zustande, indem man regelmäßig einen festen Anlagebetrag (zum Beispiel 100 €) zu einem festen Zeitpunkt (zum Beispiel immer am ersten Tag des Monats) unabhängig vom aktuellen Goldpreis kauft: Ist der Goldpreis gerade niedrig, bekommen Sie mehr Gold für Ihr Geld und umgekehrt. Durch das »sture« regelmäßige Kaufen verhalten Sie sich antizyklisch und erzielen so einen zumeist deutlich günstigeren durchschnittlichen Einstiegspreis.

## Wie funktioniert der Cost-Average-Effekt im Detail?

Wir Menschen neigen dazu, Anlageentscheidungen auf emotionaler Basis zu treffen anstatt auf sachlicher Basis: Meist entscheiden wir uns für Kapitalanlagen, die in den letzten Jahren »gut gelaufen sind« und prognostizieren deren vergangene Wertentwicklung auf die Zukunft. Kapitalanlagen, die hingegen in letzter Zeit »nicht gut liefen«, lassen wir meist links liegen und übersehen, dass diese im Vergleich zu den Ersteren zurzeit günstig bewertet sind. Wir neigen also dazu, auf einen fahrenden Zug aufzuspringen, und steigen wieder aus, wenn er sich verlangsamt oder gar rückwärts fährt.

Wer regelmäßig einen festen Geldbetrag zu einem festen Zeitpunkt konsequent in eine feststehende Kapitalanlage investiert, blendet diese »emotionale Schwäche der Kapitalanlage aus« und nutzt die langfristige Macht des Cost-Average-Effekts für sich aus.

## Die Macht des Cost-Average-Effekts anhand eines realen Beispiels

Am 7. August 2020 erreichte der Goldpreis mit circa 2.060 US-Dollar ein neues Allzeithoch. Ein Jahr später notiert der Goldpreis mit circa 1.800 US-Dollar rund 13 % tiefer, wie man dem nachfolgenden Chart entnehmen kann:

## Goldpreis in US-Dollar von August 2020 bis August 2021

Hätte man in diesem Zeitraum immer am ersten Handelstag des Monats 100 Dollar in Gold investiert, hätte man an den jeweiligen Tiefpunkten mehr Gold für diesen Betrag und an den Hochpunkten umgekehrt weniger bekommen. Der Cost-Average-Effekt hat in diesem Fall den Verlust von 13 % auf nur 2,2 % abgemildert:

Insgesamt hat man in diesem Zeitraum 1.300 Dollar investiert und 0,704 Feinunzen erhalten, die aktuell rund 1.272 Dollar wert sind. Das Interessante dabei ist: Erreicht der Goldkurs wieder den ursprünglichen Wert von 1.972,95 Dollar, sind die 0,704 Feinunzen bereits 1.388 Dollar wert – ein Plus von fast 7 %, obwohl der Goldkurs »gleichgeblieben ist«.

| Kauftag | Preis pro Unze | Anlagebetrag | Erworbene Unzen |
|---|---|---|---|
| **2021-08-02** | $ 1.807,55 | $ 100,00 | 0,055 |
| **2021-07-01** | $ 1.774,00 | $ 100,00 | 0,056 |
| **2021-06-01** | $ 1.907,70 | $ 100,00 | 0,052 |
| **2021-05-04** | $ 1.784,95 | $ 100,00 | 0,056 |
| **2021-04-01** | $ 1.715,85 | $ 100,00 | 0,058 |
| **2021-03-01** | $ 1.746,95 | $ 100,00 | 0,057 |
| **2021-02-01** | $ 1.857,80 | $ 100,00 | 0,054 |
| **2021-01-04** | $ 1.930,80 | $ 100,00 | 0,052 |
| **2020-12-01** | $ 1.796,20 | $ 100,00 | 0,056 |
| **2020-11-02** | $ 1.886,75 | $ 100,00 | 0,053 |
| **2020-10-01** | $ 1.895,55 | $ 100,00 | 0,053 |
| **2020-09-01** | $ 1.987,95 | $ 100,00 | 0,050 |
| **2020-08-03** | $ 1.972,95 | $ 100,00 | 0,051 |
| | Summe | $ 1.300,00 | 0,704 |
| | **Aktueller Gegenwert** | **$ 1.271,97** | |
| | **Verlust** | **-2,2 %** | |

## 13.3.2 Monatlich Geld zur Seite legen und gelegentlich größere Barren und Münzen kaufen

Wie soeben aufgezeigt wurde, ist der Grammpreis umso höher, je kleiner ein Barren ist. Aus diesem Grunde kann es eine Strategie sein, jeden Monat die besagten 100 € zur Seite zu legen und dann nur einmal im Jahr für die angesammelten 1.200 € einen deutlich größeren Barren mit einem geringeren Grammpreis zu kaufen. Wir erinnern uns: Ein 1 g-Barren kostet circa 60 €. Bei einem 20 g-Barren zahlt man nur circa 50 € pro Gramm und spart somit fast 17 %.

Es ist also eine empfehlenswerte Strategie, lieber regelmäßig Geld zur Seite zu legen und einmal im Jahr zuzuschlagen. Lediglich drei Nachteile hat dieses Vorgehen:

- → Man muss die Disziplin haben, konsequent Geld zur Seite zu legen und auch zu investieren. Die Erfahrung zeigt, dass der eine oder andere zwischenzeitlich das Geld für Urlaub, ein kurzlebiges Konsumgut oder Ähnliches verprasst hat.
- → Innerhalb des Ansparzeitraums kann einem »der Kurs weglaufen«: Sollte der Kurs innerhalb des Jahres in dem Beispiel um mehr als 17 % steigen, kann der Grammpreis trotz der größeren Stückelung teurer sein, als wenn man jeden Monat investiert hätte. Diese starken Wertsteigerungen innerhalb kurzer Zeiträume wird es jedoch voraussichtlich nur in wenigen Jahren geben.
- → Da man nur einmal im Jahr investiert, hat man weniger Investitionszeitpunkte, an denen sich der Cost-Average-Effekt auswirken kann. Auf 10 Jahre betrachtet sind es nur 10 anstatt 120 bei monatlichen Käufen.

Insgesamt würde ich diese Variante der vorherigen stets vorziehen, da die Vorteile überwiegen.

### 13.3.3 Monatliches Investieren mit einem Sparplan

Die Vorteile beider Varianten kombiniert ein Sparplan, wie wir ihn im Rahmen des bereits vorgestellten SOLIT Edelmetalldepots anbieten.

→ Es wird jeden Monat sofort investiert: Der Cost-Average-Effekt greift umgehend.

→ Es wird immer ein Bruchteil eines großen Barrens erworben: Es wird ein günstiger Grammpreis erzielt.

→ Keine Einschränkungen durch hohe Stückpreise pro Barren: Der Anlagebetrag kann in 25 €-Schritten auf eines oder mehrere der vier Edelmetalle Gold, Silber, Platin und Palladium aufgeteilt werden.

Insbesondere die Kombination aus mehreren Edelmetallen im Sparplan sorgt dafür, dass der mächtige Cost-Average-Effekt auch metallübergreifend wirkt: Ist das eine Edelmetall gerade teuer, bekommt man weniger Gramm für den Euro-Betrag. Das Edelmetall, das hingegen im selben Moment gerade günstiger ist, wird mit einer höheren Gewichtsmenge gekauft. Ein Sparplan glättet also auch Wertschwankungen innerhalb der vier Edelmetalle untereinander aus, wenn man nicht nur auf ein Edelmetall setzt.

Ein weiterer Vorteil eines Sparplans im Rahmen des SOLIT Edelmetalldepots ist, dass die Weißmetalle Silber, Platin und Palladium zollfrei gekauft werden und man somit die Mehrwertsteuer von zurzeit 19 % einspart. Insbesondere bei Silber ist zudem der Preis pro Gramm deutlich günstiger, wenn man als Sparplan-Investor jeden Monat mehrwertsteuerfrei einen Bruchteil eines großen 5 oder 15 kg-Barrens kauft statt einzelner kleiner Silbermünzen mit einem höheren Grammpreis.

Da der Sparplan den Kauf mit der Lagerung kombiniert, fallen für die Lagerung fortlaufende Gebühren an. Im Gegenzug hat man allerdings die Gewissheit, dass die erworbenen Edelmetalle gesichert und stets voll versichert in einem Hochsicherheitslager aufbewahrt werden.

Ein Sparplan ist eine Art bequemes »Rundum-sorglos-Paket«. Einmal eingerichtet, muss man sich um nichts mehr kümmern: Regelmäßiger Kauf, günstige Preise sowie sichere Verwahrung übernehmen wir als Anbieter.

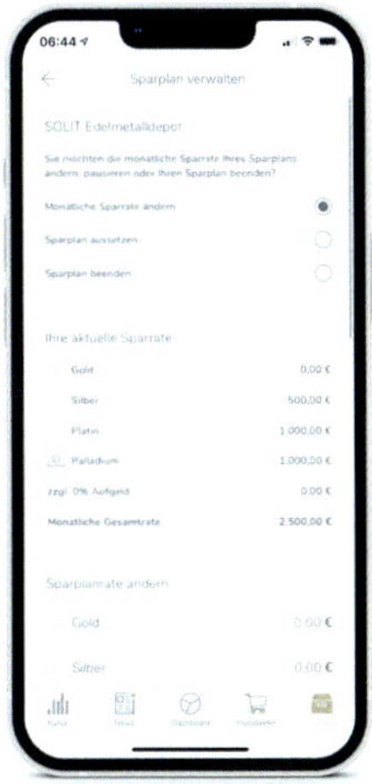


Über die SOLIT App kann der Sparplan voll eingesehen und verwaltet werden: Mit wenigen Klicks ändern Sie die Aufteilung zwischen den Edelmetallen, passen die Höhe der Sparplanrate an, setzen Zahlungen aus und können Auszahlungen auf Ihr Bankkonto veranlassen. Sie können sogar eine physische Auslieferung in Form von Barren veranlassen – das Clevere daran: Sie können ihr angespartes Gramm-Guthaben in beliebige Barrenstückelungen aufteilen. Es fallen lediglich die Prägekosten für die gewünschten Barrengrößen an.

### Angebote und Onlineabschluss des Edelmetallsparplans

Alles zum »besten Goldsparplan« laut Focus Money finden Sie unter:

**www.bester-goldsparplan.de**

Hier können Sie Musterberechnungen durchführen, Vertragsunterlagen anfordern und einsehen sowie online einen Sparplan einrichten.

Übrigens: Auch in der SOLIT App ist ein Direktabschluss möglich. Klicken Sie dazu auf den Menüpunkt »Investieren« und wählen Sie dann »Neues Edelmetalldepot« aus.

# 14 Aktueller Ausblick 2021/2022

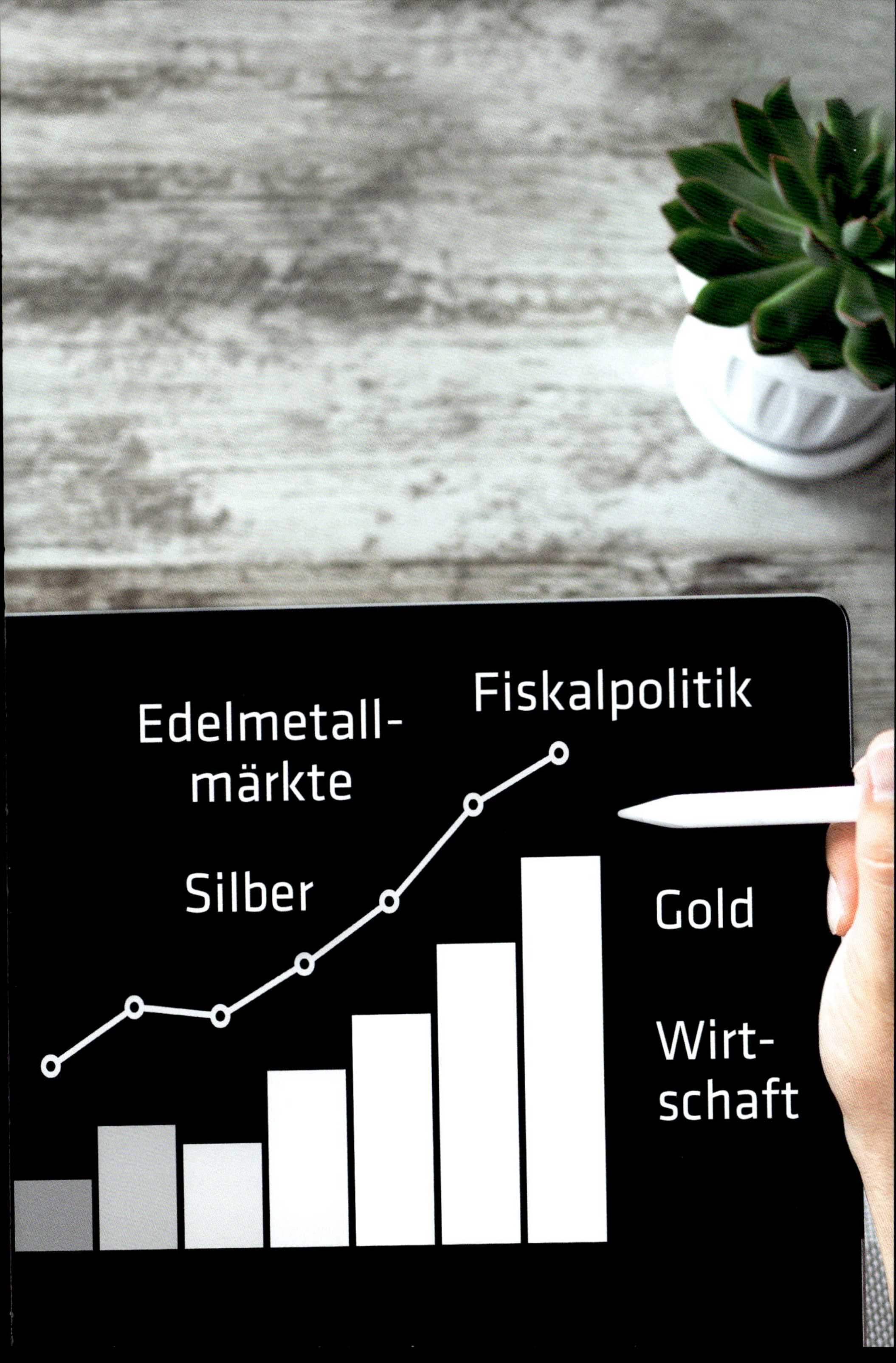
Fiskalpolitik
Edelmetall-
märkte
Silber
Gold
Wirt-
schaft

Zum Abschluss dieses Buches möchte ich allen Leserinnen und Lesern einen aktuellen Ausblick auf die Edelmetallmärkte geben.

Werfen wir zunächst einmal einen Blick auf den allgemeinen Edelmetallmarkt: Es ist weitläufig bekannt, dass die Corona-Krise (bzw. vielmehr die Maßnahmen der Regierungen, um diese zu bekämpfen) weitreichende Folgen hat, deren Auswirkungen wir in den nächsten Jahren und Jahrzehnten spüren werden. Als Anleger und Investor ist es aus unserer Sicht nun in erster Linie nicht relevant, über die Maßnahmen zur Bekämpfung der Pandemie zu diskutieren und diese zu bewerten. Vielmehr geht es darum, den Fokus aus Sicht der Geldanlage auf das Wesentliche zu legen.

Die Entscheidungen der Politik, die Wirtschaft bis auf eine minimale Funktion herunterzufahren, hatte nicht nur für das Leben weitreichende Konsequenzen, sondern hat vor allem langfristige Auswirkungen auf die Wirtschaft. Um den enormen Wirtschaftseinbruch abzufedern, haben die Notenbanken eingegriffen und die Märkte im wahrsten Sinne des Wortes mit Geld geflutet. Auch die Fiskalpolitik hat die Geldschleusen weit geöffnet oder, wie Finanzminister Olaf Scholz sagte: »Die Bazooka ausgepackt«. Eine große Menge an neuem Geld ist von den Staaten weltweit ohne einen Gegenwert wie Güter, Dienstleistungen oder Arbeit in den Umlauf gebracht worden, insbesondere durch Kurzarbeitergeld hierzulande oder Consumer-Checks in den USA.

Auch hier geht es nicht darum, diese Maßnahmen zu bewerten. Als Anleger können wir uns nur an die Fakten halten und daraus die richtigen Schlüsse ziehen. Eine Erhöhung der Geldmenge, ohne dabei die Produktivität oder die Menge der Güter zu erhöhen, führt unweigerlich auch immer zu höheren Preisen. Den meisten Menschen kommt nun natürlich sofort der Gedanke von Inflation in den Kopf, und ja: Dieser ist nicht völlig abwegig. Doch wenn man im Allgemeinen von Inflation spricht, so ist die Verbraucherpreisinflation gemeint.

Diese umfasst etwa Lebensmittel, Energie, Wohnen und Mobilität. An dieser Stelle möchte ich nun nicht behaupten, dass eine Erhöhung der Inflation bei den Verbraucherpreisen ausgeschlossen sei. Aber sie muss nicht zwangsläufig kommen – die Trickkiste der Politik und Notenbanken ist groß und vielseitig.

Das liegt zum einen daran, dass kein Politiker ein Interesse an einem solchen Szenario hat, und zum anderen daran, dass dafür eine steigende Nachfrage nach diesen Gütern vorhanden sein muss. Welch dramatische Auswirkungen dies haben kann, kann man seit Sommer 2021 bereits an diversen Baumaterialien sehen, deren Preise sich teilweise mehr als verdoppelt haben (insofern diese Materialien überhaupt noch verfügbar sind).

Wenn die Wirtschaft jedoch wieder anläuft und die Corona-Krise weitestgehend überwunden ist, werden wir uns alle wohl sehr wahrscheinlich auf eine höhere Verbraucherpreisinflation als in den vergangenen Jahren auf breiter Front einstellen müssen.

Die Ursache liegt darin begründet, dass zum einen die Erhöhung der Geldmenge sowie das Herunterfahren der Wirtschaft dazu geführt hat, dass die meisten Menschen aktuell mehr Geld für Konsumausgaben zur Verfügung haben als vor der Corona-Krise. Wenn nun die Wirtschaft und das öffentliche Leben zunehmend wieder hochgefahren werden, stehen jede Menge konsumbereite- und fähige Menschen an, um wieder einkaufen zu gehen, zu reisen usw.

Durch die Vielzahl an weltweiten Lockdowns sind aber nun weniger Güter und Dienstleistungen vorhanden, und somit wird ein klarer Nachfrageüberhang bzw. eine Angebotsknappheit in vielen Bereichen entstehen. Dies führt unvermeidbar zu einer Erhöhung der Verbraucherpreise.

Dem kann grundsätzlich die Fiskalpolitik entgegenwirken, indem weniger staatliche Investitionen sowie Subventionen durchgeführt und die Steuern erhöht werden.

Es ist allerdings nicht davon auszugehen, dass die Politik im Jahr 2021 (und wahrscheinlich auch 2022) solche Schritte unternehmen wird. Damit würde sie zum einen die gerade wieder anlaufende Konjunktur schädigen oder gar stilllegen und zum anderen die durch die Corona-Krise teilweise wirtschaftlich und emotional geschädigte Bevölkerung provozieren.

Für uns Anleger bedeutet das also: Die Politik ist kaum in der Lage, einer anziehenden Inflation entgegenzuwirken.

Wie sieht es mit den Notenbanken aus? Bekanntermaßen ist die Hauptaufgabe der Europäischen Zentralbank die Geldwertstabilität. Um dieser Aufgabe gerecht zu werden, wurde ein Inflationsziel von knapp 2 % festgelegt. Dasselbe gilt auch für die amerikanische FED. Beide Notenbanken haben sich im Sommer 2021 dazu entschieden, das Inflationsziel nun auf ein durchschnittliches Inflationsziel von 2 % zu ändern.

Dies klingt zunächst einmal nach einer weltbewegenden Änderung, doch in dem Wort »durchschnittlich« steckt viel mehr, als es auf den ersten Blick scheint. In den vergangenen fünf Jahren lag die Inflationsrate in der Eurozone bei knapp einem Prozent. Das bedeutet: Wenn die Verbraucherpreise über einen Zeitraum von zwei Jahren um 5 % zulegen, so läge die durchschnittliche Inflationsrate bei rund 2 %, und laut EZB besteht somit auch kein Handlungsbedarf zur Senkung der Inflationsrate.

An dieser Stelle drängt sich jedoch die Frage auf, inwieweit es der EZB überhaupt möglich ist, einer steigenden Inflationsrate entgegenzuwirken? Der Handlungsspielraum darf als eher begrenzt angesehen werden. Eine Möglichkeit bestünde darin, das Aufkaufprogramm der europäischen Staatsanleihen zu verkleinern oder komplett einzustellen. Die andere (und wesentlich wirkungsvollere) Option wäre eine Erhöhung des Leitzinses. Allerdings würden beide Maßnahmen die hoch verschuldeten Euroländer sehr schnell in die Gefahr einer Zahlungsunfähigkeit bringen.

Des Weiteren sollte bedacht werden, dass eine deutlich erhöhte Inflationsrate zwischen 3 und 8 % im Sinne der Notenbank und der Politik ist. Dadurch lässt sich das schon beschriebene Überschuldungsproblem auf einfachstem Wege lösen, da sich die Schulden bei einer erhöhten Inflationsrate von alleine verringern werden, und das auch ohne große Sparmaßnahmen oder direkte Steuererhöhungen.

Zudem besteht bei einer Inflationsrate von mehr als 2 % pro Jahr noch keine Gefahr von negativen Auswirkungen auf das Wirtschaftswachstum.

Aus diesen Sachverhalten sollten sich Anleger nun die Erkenntnis mitnehmen, dass tendenziell mit steigender Inflation zu rechnen ist. Entsprechend, wie in den vorangegangenen Kapiteln beschrieben, ist eine erhöhte Inflationsrate ein Signal für steigende Edelmetallpreise.

Selbst wenn es nicht zu einer Verbraucherpreisinflation kommen wird, die gewissermaßen stark abhängig von der Angebots- und Nachfragesituation sowie dem Vertrauen der Bürger in die Währung und das Geldsystem ist: Eine sogenannte Assetpreisinflation ist sicher.

Mit einer Assetpreisinflation ist ein Preisanstieg bei Sachwerten gemeint, der von einer Erhöhung der Geldmenge verursacht wird. Konkret bedeutet das für Anleger und Investoren, dass eine Erhöhung der Geldmenge nicht zwangsläufig zu einer Verbraucherpreisinflation führen muss, aber immer zu einer Assetpreisinflation. Da es sich bei Edelmetallen (genauso wie bei Aktien oder Immobilien) um Sachwerte handelt, werden die Preise dieser Anlageklassen durch die aktuelle Notenbank- und Fiskalpolitik getrieben.

Ein weiterer Punkt, der sehr entscheidend für die Preisentwicklung von allen Rohstoffen ist und ebenso bereits im Buch thematisiert wurde, ist der Dollarkurs. Den meisten Anlegern in der Eurozone dürfte bereits aufgefallen sein, dass, nachdem der erste große Schock der Pandemie des Jahres 2020 verzogen war, der Euro gegenüber dem Dollar wöchentlich an Wert zulegen konnte.

Diese Beobachtung ist korrekt. Jedoch handelt es sich hier weniger um eine relative Stärke des Euros, sondern vielmehr um eine Schwäche des US-Dollars. Die Amerikaner neigen schon seit jeher dazu, in der Folge von Krisen, die sie persönlich und auch die Schwellenländer hart treffen, den US-Dollar zu schwächen. Das hat zwei Ursachen: Dadurch können die USA ihre Wirtschaft wesentlich schneller wieder auf die Beine stellen, wenn der Export durch eine schwächere Heimatwährung angekurbelt wird. Der zweite Punkt ist die Stabilisierung der Schwellenländer. Diese sind traditionell sehr hoch in US-Dollar verschuldet und tendenziell von den Nachwirkungen der Corona-Krise stärker betroffen als die Industriestaaten. Um hier reihenweise Staatsbankrotte in den Schwellenländern mit einem Dominoeffekt, der dann auch auf Industriesaaten übergreifen könnte, zu verhindern, ist ein schwacher US-Dollar nötig.

In den Jahren 2021 und 2022 ist dieser Zusammenhang zunächst weder ein Argument für steigende Rohstoffpreise noch für fallende. Anleger sollten jedoch die geowirtschaftlichen Entwicklungen im Auge behalten. Kommen die USA und die Schwellenländer schnell wieder auf die Beine und der US-Dollar zieht in der Folge wieder an, so ist mit einem deutlichen Druck auf die Rohstoffpreise zu rechnen. Dauert die Erholung jedoch noch einige Monate ins Jahr 2022 hinein oder gar darüber hinaus, so wird es Rückenwind für Rohstoffe und Edelmetalle von der Währungsseite aus geben.

## 14.1 Gold

Wie im Kapitel zur Preisentwicklung des Goldpreises bereits erläutert, spielt die Realinflation die zentrale Rolle schlechthin für den Goldpreis. Der Realzins bildet die Differenz zwischen den Leitzinsen und der Inflationsrate ab. Ein negatives Realzinsniveau ist der mit Abstand stärkste Preistreiber beim Gold. Wie bereits analysiert wurde, ist ein Anstieg der Zinsen in den nächsten Jahren nahezu ausgeschlossen. Sollte es nun bei der vollständigen »Öffnung der Wirtschaft« zu einer deutlichen Erholung der Konjunktur und der Nachfrage nach Gütern und Dienstleistungen kommen, steigt die Inflationsrate, und somit wird auch das Realzinsniveau immer weiter in den negativen Bereich sinken. Da das Realzinsniveau mit dem Goldpreis korreliert, sorgt ein sinkender Realzins automatisch für steigende Goldpreise.

Der Goldpreis hat im Jahr 2020 auf der Euro- und auf der noch viel relevanteren Dollarbasis ein neues Allzeithoch markiert, nachdem er im Jahresverlauf rund 25 % zulegen konnte. Leider kommt bei Preisrekorden bei vielen Privatanlegern automatisch der Gedanke auf, dass es sich dann um einen guten Verkaufszeitpunkt handeln muss und somit auch um einen schlechten Kaufzeitpunkt. Doch dieser Gedanke ist falsch. Der Goldpreis ist, nachdem er aus einer mehrjährigen Abwärts- oder Seitwärtsphase auf ein neues Allzeithoch gestiegen ist, im Folgejahr ausnahmslos weiter gestiegen. Wenn eine Aktie, ein Rohstoff oder ein Edelmetall auf ein neues Allzeithoch steigt, so ist dies das stärkste Kaufsignal, das es aus technischer Sicht gibt. Die zwischenzeitlich über mehrere Monate andauernde Korrektur am Goldmarkt stellt also eine sehr gute Einstiegschance dar.

Ein weiteres, weniger bedeutsames, aber dennoch vorhandenes Argument für steigende Goldpreise ist die aktuelle Unsicherheit. Viele Menschen sind aufgrund des Coronavirus und möglicher neuer Lockdowns verunsichert.

## 14.2 Silber

Der Silberpreis ist im vergangenen Jahr 2020 mit rund 45 % auf Dollarbasis noch einmal deutlich stärker angestiegen als der Goldpreis. Auch hier muss gleich erwähnt sein, dass es dennoch klare Tendenzen für steigende Silberpreise auch für 2021 und 2022 gibt.

Neben den oben genannten aktuellen Entwicklungen für den gesamten Edelmetallmarkt kommt beim Silber die enorme Beschleunigung der Digitalisierung und des Wandels in Richtung mehr regenerativer Energien hinzu. Wie bereits im Kapitel zu Silber erläutert, wird in diesen Wachstumsbranchen Silber endlich verbraucht. Von dieser Seite her dürfte es einen deutlichen Nachfrageanstieg im Jahr 2021/2022 und auch noch darüber hinaus geben.

Eine schnelle wirtschaftliche Erholung dürfte dem Silber zusätzlich Auftrieb verleihen und eine Verzögerung der Erholung entsprechend Abtrieb.

## 14.3 Platin

Noch etwas Nennenswertes hat sich im Jahr 2020 in Sachen Platin ereignet. Im Kapitel über Platin wurde bereits erwähnt, dass man für die Herstellung von sauberem Wasserstoff Platin benötigt.

Die technische und ökologische Sinnhaftigkeit von Wasserstoff als Energieträger und Speicher in verschiedensten Bereichen war auch schon vor dem Jahr 2020 nicht von der Hand zu weisen. Jedoch hat sich nun auch die Politik weltweit vom Wasserstoff überzeugen lassen, und so war dies an den Börsen im vergangenen Jahr das Thema Nummer Eins, knapp vor der E-Mobilität. Enorme Summen an Fördergeldern und Subventionen werden in den kommenden Jahren in die Entwicklung und den Ausbau des Energieträgers Wasserstoff fließen. Allen voran in Europa werden hier noch viele Gelder auch als Konjunkturprogramme verteilt werden.

Der stark steigende Bedarf an Platin, ausgelöst durch den Wasserstoffhype, dürfte den in Zukunft nachlassenden Bedarf für Katalysatoren wohl überschreiten und so für Rückenwind bei der Preisentwicklung von Platin sorgen.

# Danksagung

Wenn Sie diese Worte lesen, haben Sie über 200 Seiten Fachwissen und langjährige Edelmetall-Erfahrung »konsumiert«, um fit für eine Kapitalanlage in Edelmetalle zu werden – danke, dass Sie sich dafür die Zeit genommen haben. Es ist mir eine Herzensangelegenheit, möglichst viele Menschen über diese glanzvolle Kapitalanlage aufzuklären, sodass Sie eigenständig Ihre Anlageentscheidung treffen können.

Wenn mir dies gelungen ist, würde ich mich sehr darüber freuen, Sie als Kunde von **www.goldsilbershop.de** begrüßen zu können und wenn Sie dieses Buch an Ihnen nahestehende Personen weiterempfehlen oder weiterreichen. Bedanken möchte ich mich auch bei meinen beiden Mitgründern Thomas Hellener und Robert Vitye – unsere privaten Wege kreuzten sich in der fünften Klasse, haben bis heute Bestand und können im Jahr 2022 auf eine 20-jährige gemeinsame unternehmerische Tätigkeit zurückblicken, die mich mit Stolz erfüllt.

Fast genauso lange schon schätze ich die gemeinsame Leidenschaft für IT und Marketing unseres Mitgesellschafters Georg Wartenberg, die regelmäßig zu teils hitzigen Diskussionen führt, aber stets ein wichtiges Ziel vor Augen hat: den Fortschritt unseres Unternehmens voranzubringen.

Apropos Unternehmen: Jedes Unternehmen steht und fällt mit der Qualität, aber auch mit dem Einsatz und der Unternehmensidentifikation seiner Mitarbeiter. Insbesondere die letzten zwei Jahre, in denen wir von gut 20 Kollegen und Kolleginnen auf über 100 angewachsen sind, waren anstrengend, aber zugleich ein Beweis für eine vorbildliche Teamarbeit und für das füreinander Einstehen. Ohne Euch wären wir nicht das, was wir heute sind: einer der führenden und innovativsten Edelmetallhändler Deutschlands.

Klasse fand ich auch, dass Gast-Autor Marc Friedrich sofort zusagte, das exzellente Kapitel zur Dow-Gold-Ratio beizusteuern – besser hätte niemand auf diese einzigartige und zugleich einfache Anlagestrategie hinweisen können.

Ein Dankeschön an alle, die an diesem Buch mitgewirkt und zu dessen Erfolg beigetragen haben! Insbesondere Alexandra, Christina, Jörg und Jan.

Ein Unternehmen aufzubauen und es über 20 Jahre lang durch Höhen und Tiefen zu führen, gelingt nur, wenn man auch privat den Rücken freigehalten bekommt – ich danke meiner Familie, insbesondere meiner Frau Mareike und meinen beiden Kindern, sehr dafür, dass ihr dies mitmacht und mich unterstützt. Ihr seid meine wahren Goldstücke.

Direkt nach meiner Familie kommt ein großer Freundeskreis, der mich bereits seit meiner Schul- und Ausbildungszeit begleitet und mir hilft, den Kopf von der Arbeit freizubekommen – ich bin glücklich, mich stets auf Euch verlassen zu können. Danke, dass es Euch alle gibt!

# Impressum

**Gold und Silber für Einsteiger (1. Auflage)**
Autor: Tim Schieferstein



Solit

**Herausgeber**
SOLIT Management GmbH
Otto-von-Guericke-Ring 10
D-65205 Wiesbaden

**Geschäftsführer**
Tim Schieferstein
Dr. Hans Christian Sünkler

**Handelsregister**
HRB 26330, Amtsgericht Wiesbaden

**Kontakt**
E-Mail: **info@goldsilbershop.de**
Tel.: +49 (0) 6122 - 58 70 - 58
Fax: +49 (0) 6122 - 58 70 - 22